마을관리
사회적협동조합
따라하기

마을관리
사회적협동조합
따라하기

ⓒ 사회연대경제연구소(인성환 · 주수원), 2023

초판 1쇄 발행 2023년 9월 15일

지은이   사회연대경제연구소(인성환 · 주수원)
펴낸이   이기봉
편집   좋은땅 편집팀
펴낸곳   도서출판 좋은땅
주소   서울특별시 마포구 양화로12길 26 지월드빌딩 (서교동 395-7)
전화   02)374-8616~7
팩스   02)374-8614
이메일   gworldbook@naver.com
홈페이지 www.g-world.co.kr

ISBN   979-11-388-2292-3 (03350)

· 설립부터 운영까지 ·

마을관리 사회적협동조합 따라하기

사회연대경제연구소(인성환·주수원)

좋은땅

주민들이 함께 차근차근 만들어 가는
마을조합을 꿈꾸며

2022년 12월 기준으로 전국 560곳에서 도시재생사업이 진행 중이거나 종료되었고, 이와 더불어 마을관리 사회적협동조합(이하 마을조합) 설립은 2019년부터 지금까지 매년 증가하면서, 2023년 7월 기준, 186곳이 설립인가를 받아 운영 중에 있습니다.

마을조합은 지역주민들로 구성된 사회적협동조합으로 도시재생사업으로 조성된 공영주차장, 공동이용시설, 복합문화공간 등을 운영 관리하는 사업체이자 주민 결사체입니다. 거점시설을 기반으로 지역사회에 필요한 재화 및 서비스를 제공하는 역할을 합니다. 공공의 자원이 마중물이 되어 낙후된 지역을 되살리면서 마을을 보다 잘 살게 하고 마을주민들이 더욱 행복하고 인간답게 살아갈 수 있도록 하는 것이죠. 그만큼 마을주민들에게 중요하고 마을주민들이 주체적으로 의사결정하며 만들어 가야 할 조직입니다.

하지만 아직 마을조합이 생소한 주민들도 많고, 마을조합 설립을 단순히 법인 설립 서류 작성으로 치부하는 경우도 많습니다. 마을 조합 조합원들 중에 정관을 제대로 읽어 본 분들은 얼마나 될까요? 사업계획서 작성은 어려울 수 있지만 사업계획서에 명시된 주요사업을 얘기할 수 있는 이는 얼마나 될까요? 어쩌면 이사장님들 중에서도 쉽게 답변하기 어려울 것입니다.

이미 마을조합 관련해서 수많은 매뉴얼과 다양한 자료들이 발간되었지만 이번에 새롭게 책을 내게 된 이유는 마을주민들 그리고 마을조합의 조합원들, 그리고 마을조합의 설립을 돕고 성장할 수 있도록 지원하는 지역의 관계자 분들이 조금이라도 마을조합에 대해서 쉽게 이해할 수 있고 함께 고민할 수 있는 기회를 가질 수 있었으면 하는 마음이었습니다.

이 책은 마을조합에 대해서 고민 순서에 따라 총 5개의 장으로 구성되어 있습니다. 1장에서는 마을조합의 정의부터 지역사회에서 마을조합의 역할, 마을조합의 지원체계와 사례에 대해서 다루며 마을조합을 체감하고 쉽게 이해할 수 있도록 했습니다. 2장은 마을조합 설립 준비를 위한 비전수립, 지역사회 연대활동, 사업모델수립, 사업단구성, 시범사업 실행, 시범사업 평가, 마을조합 설립 계획 수립 등에 대한 전반적인 내용을 다뤘습니다. 비단 주민들뿐만 아니라 도시재생지원센터에서 마을조합 설립을 고민하는 분들에게도 도움이 될 수 있도록 최대한 상세한 내용을 집약적으로 담았습니다. 제3장에서는 많은 마을조합 관계자분들이 문의해주고 상담했던 내용을 토대로 법인 설립에 대한 핵심적인 내용을 담았습니다. 이미 사회적협동조합 설립 지침과 국토교통부, 사회적기업진흥원의 다양한 자료들이 있기에 쉽게 찾아볼 수 있는 내용은 제외하고 많은 분들이 혼란스러워 하거나 자주 실수하는 부분들 위주로 다뤘습니다. 제4장은 마을조합을 실제 운영하면서 꼭 해야될 조직체계 마련, 조합업무의 분업 및 역할 정리, 운영 역량 강화, 자원 연계 등에 대해 다뤘습니다. 마지막 5장은 마을조합에서 대부분 수행하게 될 거점시설 운영에 대한 내용을 다뤘는데, 아직 자료가 많지 않기 때문에 최대한 상세하게 총 7가지 단계로 나눠 실제적인 노하우를 중심으로 정리했습니다. 즉 거점시설 개념과 종류, 위탁방법, 기획, 브랜딩, 프로모션, 거버넌스 구축, 운영방안 마련 등 마을조합 관계자들이 궁금해할 내용을 집중적으로 다뤘습니다.

물론 여전히 마을조합 관계자분들의 갈증을 해결하기에 부족한 부분이 많습니다. 저희 사회연대경제연구소는 앞서가는 마을조합들의 노하우를 정리하여, 이제 막 시작하려는 마을조합에게 그 노하우를 전달해 드리는 역할을 할 뿐입니다. 아직 마을조합이 시작된 지 채 5년이 되지 않았기에, 우리 사회에 뿌리내리기까지는 아직 많은 시간이 필요합니다. 그 어려운 길을 묵묵히 걸어가는 마을조합 관계자분들에게 감사하고 응원하며 조금이나마 그 짐을 덜어

드릴 수 있도록 노력하고자 합니다. 끝으로 중국 문인 루쉰의 글을
변형해 인용해 봅니다.

마을조합은 원래
있다고도 할 수 없고
없다고도 할 수 없다.
그것은 지상의 길과 같다.
원래 지상에는 길이 없었다.
마을조합을 하려는 사람이 많아지면서
마을조합이 만들어지고 있는 것이다.

저자 인성환·주수원

목차

4. 마을조합 운영의 시작

5. 거점시설 운영

1.

마을관리
사회적협동조합이란?

1) 마을관리 사회적협동조합 정의

'마을관리 사회적협동조합(이하 마을조합)'은 '마을주민'이 거점 시설 등을 '공동으로 관리'하는 '사회적협동조합'이라고 할 수 있습니다. 이를 좀 더 풀어서 설명하면 '지역주민들로 구성된 사회적 협동조합으로 도시재생사업으로 조성된 공영주차장, 공동이용시설, 복합문화공간 등을 운영 관리하는 사업체이자 주민 결사체'라고 얘기합니다. 거점시설을 기반으로 지역사회에 필요한 재화 및 서비스를 제공하는 역할도 하고요. 도시재생사업은 노후 주거지와 쇠퇴한 구도심을 지역 주도로 활성화해 지역 경쟁력을 높이고 일자리를 만들어 내는 국가적 도시혁신 사업입니다. 이러한 도시재생사업의 지속성을 확보하기 위해서는 물리적 주거환경개선과 함께 주민이 주도적으로 주거지를 유지 관리할 수 있는 조직으로서 마을조합이 필요한 거죠.

 여기서 '사회적협동조합'이 낯설 수 있는데요. 이는 사회적 가치가 보다 높은 협동조합인데 이를 이해하기 위해서는 먼저 협동조합에 대해 알아야 합니다. 아마도 많은 분들이 농협, 수협, 신협은 들어보셨을 것입니다. 주식회사가 1주 1표로 자본 중심의 사업체인데 반해 협동조합은 1인 1표로 사람 중심의 사업체라고 할 수 있습니다. 이런 특성은 다음의 국제협동조합연맹(ICA, International Cooperative Alliance) 정의에도 잘 나타나 있습니다.

> 공동으로 소유하고 민주적으로 운영되는 사업체를 통하여
> 공통의 경제적·사회적·문화적 필요와 욕구를 충족시키고자
> 하는 사람들이 자발적으로 결성한 자율적인 조직

협동조합기본법에서 내리고 있는 정의도 살펴보겠습니다.

> 재화 또는 용역의 구매·생산·판매·제공 등을 협동으로 영
> 위함으로 조합원의 권익을 향상하고 지역사회에 공헌하고
> 자 하는 사업조직

먼저 두 정의에서 공통되는 단어로 '사업체'를 찾아볼 수 있습니

다. 국제협동조합연맹(ICA)에서는 "공동으로 소유되고 민주적으로 운영되는 사업체를 통하여"라고 표현되어 있고, 협동조합기본법에서는 "조합원의 권익을 향상하고 지역사회에 공헌하고자 하는 사업조직"이라고 되어 있죠. 엄연한 경제활동을 하는 조직으로 유럽과 미국 등 선진국에서도 많이 확산되어 있는 사업 모델입니다. 우리나라 역시 100년 이상의 역사를 가진 모델로 어려운 시기에 주민들의 필요를 충족하기 위한 많은 사업들을 일궈 왔습니다.

그런데 이 사업체는 우리가 일반적으로 알고 있는 사업체와는 다른 특징이 있습니다. "공통의 경제적·사회적·문화적 필요와 욕구를 충족"(ICA), "조합원의 권익을 향상하고 지역사회에 공헌"(협동조합기본법). 조금씩은 다르게 표현되어 있지만 "공동의 필요"를 충족하기 위한 사업체라는 것을 알 수 있습니다. 협동조합은 공동의 필요를 느끼는 조합원, 이러한 필요를 바탕으로 실제 협동조합을 이용하고 참여하는 이들의 필요를 충족시킬 것을 목적으로 하고 있습니다.

마지막으로 운영원리 역시 일반 사업체와 다른 특징을 보입니다. "공동으로 소유되고 민주적으로 운영", "자발적으로 결성한 자율적인 조직"(ICA), "협동으로 영위"(협동조합기본법)라고 나와 있죠. 혼자가 아닌, 함께 의사결정을 하는 방식입니다. 이를 위해 공동의 규칙과 회의체계가 필요합니다. 협동조합에서 가장 기본이

되는 규칙은 정관입니다. 법치국가에서의 헌법과 같은 역할이죠. 헌법은 국가질서의 기본구조를 세우고 기본권을 보장하고 국민의 의무를 정의하는 역할을 하잖아요. 정관 역시 협동조합의 기본구조를 세우고 조합원의 권리와 의무를 정의하고 있습니다. 또한 이러한 공동의 규칙으로서 정관을 바탕으로 조합원들이 민주적으로 운영하는 회의체계를 갖춰야 합니다. 협동조합에서 총회와 이사회가 존재하는 이유입니다.

다시 한번 정리해 보겠습니다. 우리가 협동조합을 설립하려는 목적으로서 필요, 그 목적을 달성하기 위한 수단으로서 사업, 운영방식으로서 규칙과 회의. 이 4가지 키워드를 중심으로 마을주민들이 만드는 협동조합도 이해할 수 있습니다. 먼저 목적으로서 필요는 마을을 잘 살게 하는 것입니다. 일자리 창출, 편익과 복리증진, 커뮤니티 형성 등의 지역사회 활성화를 위함이죠. 두 번째 이러한 목적을 달성하기 위한 사업은 도시재생사업으로 조성된 공영주차장, 공동이용시설, 복합문화공간 등을 운영 관리하는 것입니다. 지역의 특성에 맞게 마을카페, 마을식당, 마을게스트하우스 등을 합니다. 운영방식으로서 규칙과 회의는 다른 협동조합들과 유사하지만 주민들 간에 생길 수 있는 갈등을 미리 방지하고자 '갈등관리 위원회'가 추가됩니다. 그리고 아직 협동조합의 운영이 어려운 주민들에게 이 모든 것들을 지원하기 위한 '운영지원기관'도 마을조합에서는 반드시 필요합니다.

사회적협동조합은 이러한 협동조합으로서 특징을 가지면서 사회적가치가 높은 협동조합이라고 했죠? 협동조합기본법에서는 "주민들의 권익·복리증진과 관련된 사업을 수행하거나 취약계층에게 사회서비스 또는 일자리를 제공하는 등의 비영리 협동조합"으로 정의되고 있습니다. 이를 위해 일반 협동조합과 달리 주 사업의 40% 이상 공익사업을 수행해야 하며 배당을 금지하고 있고 잉여금의 30/100 이상을 법정적립금으로 적립해야하는 특징이 있습니다. 우리가 설립하고 운영하려는 마을조합의 공익적 특성은 일반협동조합보다 사회적협동조합에 더 맞기에 현재 마을조합은 모두 국토부의 인가를 받은 사회적협동조합으로 설립되고 있습니다.

2) 지역사회에서 마을조합의 역할

첫 번째, 앞서 설명한 대로 마을조합은 지역사회의 공익적인 사업조직 역할을 합니다. 도시재생사업을 통해 조성된 거점시설 등 기초생활인프라의 운영·관리 및 활성화를 위한 사업입니다. 지역문제 해결을 위해 필요한 사업으로서 집수리, 가로관리, 돌봄서비스 등을 기획하고 실행할 수 있습니다. 주민 생활 편의를 증진할 수 있는 서비스로서 마을식당, 행정대행 등의 사업을 기획하고 실행할 수 있습니다. 이처럼 마을조합은 다양한 사업 참여자들과의 협력을 통하여 지역의 생활환경 인프라를 안정적으로 운영 관리하고, 주민 스스로가 다양한 자원 연계를 통해 물리적 환경을 함께 개선해 나가는 활동 등의 기능을 수행합니다.

둘째, 결사체로서 주민들 간의 공론장 역할을 합니다. 도시재생

사업 종료 후 주민협의체를 대신해 지역사회 유지·관리를 위한 주민들의 소통의 장이 됩니다. 지역사회 문제에 대해 민, 관, 지역전문가 등이 함께 해결방안을 마련해 나가는 논의의 장이기도 합니다. 주민 간의 이해 및 갈등 조율 등 협동의 토대를 만들고 지역주민들의 책임 있는 참여와 권한 행사를 위한 원칙과 규정을 정하고 이를 명문화함으로써 주민 공동체성과 역량을 강화하는 등의 사회적 기능을 합니다.

셋째, 마을조합은 사회적 및 경제적 취약계층(지역사회 경력 단절 여성, 은퇴자, 고령자 등)을 대상으로 지역기반 맞춤형 일자리를 제공하는 기능을 수행합니다. 주민역량을 강화하며 주민의 일자리 창출을 위해 다양한 수입 활동을 만들어내고 사업의 실현 역량을 강화하여 경제적 자립 기반을 확보해 나갑니다.

마지막으로 플랫폼 역할입니다. 지역의 대표법인으로서 지역사회의 기능 유지를 위한 전반적인 역할을 수행하며 기관과 기관을 연결하고 각종 자원들을 모아냅니다. 지역문제를 해결하기 위해 사회적경제기업 등 사업조직과 주민을 연결하고, 필요시 사업조직 및 주민 상호간 정보와 자원을 공유하는 플랫폼 기능을 합니다.

3) 마을조합의 지원체계

마을조합은 공익적 활동을 수행하는 사업체이기 때문에 설립과 운영을 지원하기 위한 다양한 지원체계가 마련되어 있습니다. 먼저 국토교통부에서는 마을조합의 설립인가 및 공공지원 제도를 마련했습니다. 한국사회적기업진흥원은 도시재생지원기구로서 마을조합을 육성 지원하기 위한 교육 및 컨설팅, 설립지원, 사업모델 개발·확산, 네트워크 연계 및 모니터링 등을 하고 있고요.

지자체별로는 도시재생 사업계획 수립 시 마을조합 설립을 반영하며 설립 후 5,000만 원 이내의 초기사업비를 지원하기도 합니다. 지역별로 도시재생지원센터가 있어 마을조합 설립과 운영을 위한 역량강화 교육, 사업화 지원, 조합원 모집·홍보, 도시재생 거버넌스와 유기적 연계 지원 등을 합니다. 이외에도 지역별 사회적경제

중간지원조직 등의 지원기관이 사업이 활성화될 수 있도록 지원하고 있습니다.

이러한 지원체계를 정리하면 다음 그림과 같습니다.

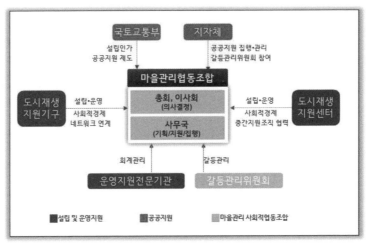

그림 설명: 마을조합 지원체계

4) 마을조합 국내외 사례

우리나라보다 사회적경제와 사회적협동조합의 역사, 그리고 도시재생의 역사가 오래된 나라에서는 마을조합과 유사한 역할을 하는 사례를 손쉽게 찾아볼 수 있습니다.

먼저 프랑스 지역관리기업(Régie de Quartier®)이 있습니다. 주민들이 주체가 되어 만든 지역사업체인 지역관리기업은 지역의 청소, 환경미화, 건물 유지관리, 녹지관리, 공사 등을 진행하는 네트워크 법인입니다. 2018년 기준 프랑스 전역에 총 133개의 지역관리기업이 있는데, 매년 총 9,000여 명을 고용하며 지역사회 취약계층 일자리 창출에 기여하였습니다. 이와 함께 지역사회 통합, 사회서비스 제공, 공동체 강화에도 기여하고 있습니다.

다음으로 영국 해크니 개발협동조합(Hackney Co-operative Developments)이 있습니다. 런던 해크니에 위치한 지역관리기업으

로 17명의 직원, 약 400명의 조합원으로 구성되었습니다. 취약계
층을 위한 임대공간 운영을 시작으로 지역관리, 환경미화, 기업 육
성 및 지원 등의 사업과 유휴 건물을 활용해 공동체 소유 공간임대
사업을 진행하고 있습니다. 2017년에는 약 12억원의 매출을 달성
했다고 소개되고 있습니다.

우리나라는 2018년부터 마을조합이 설립되었기 때문에 아직 두
드러진 성과는 만들어내지 못하고 있습니다. 하지만, 전국 186곳
(2023년 7월 기준)에서 마을조합이 운영되고 있고, 어려운 여건 속
에서도 지역을 살리기 위한 다양한 활동을 진행하고 있습니다.

표. 연도별 마을조합 설립 개수

연도	2019	2020	2021	2022	2023.7월	합계
갯수	2	28	54	65	37	186

그중 몇 가지 마을조합 사례를 소개하자면, 먼저 전남 나주의 '나
주읍성 마을관리협동조합'이 있습니다. 이곳은 나주의 전통과 역
사자원을 이어서 '살아있는 박물관'을 만들겠다는 비전을 세웠습니
다. 이를 위해 도시재생사업을 통해 복원된 역사자원(돌담길, 금성
관길 등)에 특색을 더한 콘텐츠를 개발했습니다. 초기 주민협의체
를 중심으로 마을조합의 사업역량을 키웠고, 마을조합 설립 후 박

물관 마켓, 전동인력거 운영, 도심캠핑장 등의 사업을 진행했습니다. 외부 관광객이 인력거를 이용할 때, 이용금액에 해당하는 지역화폐를 지급하여 지역 내 소비를 활성화시키고, 다양한 지역의 스토리를 외부로 전파하는 역할을 하고 있습니다.

사진 설명: 나주읍성 마을조합의 인력거 투어 사진

다음으로 대전시 유성구의 '안녕마을관리협동조합'이 있습니다. 충남대학교와 카이스트 사이에 위치한 대전 유성구 어은동 일대는 저층 상가 및 주거지 밀집지역입니다. 2017년 자생적으로 결성된 안녕주민 공동체에서 시작한 안녕마을조합은 지역 상인과 주민이 함께 모여 공동체의 특성을 살린 마을을 만들고자 설립되었습니다. 도시재생 스타트업이자 사회적기업인 ㈜윙윙과 함께 다양한 청년 네트워크를 통해 낡은 주택을 리모델링하여 창업공간을 만들고, 지속 가능한 창업거리를 조성했습니다. 매입, 장기임대, 공공위탁 인큐베이팅 등 다양한 방식으로 부동산을 확보하고, 소상공인과 창업자들이 함께 소유하고 이익을 공유하는 모델을 통해 다양한 문화시설(동네정원, 양조장 등) 조성했습니다. 청년과 상인들이 함께하는 지역 브랜드인 '안녕가게', 마을축제인 '안녕축제' 등을 진행하고, 제로웨이스트 가게를 운영하는 등 상가거리의 차별화를 통해 활성화 모색 중입니다.

사진 설명: 대전 안녕마을조합의 안녕축제 모습

마을관리 사회적협동조합 따라하기

경기도 안양에는 명학마을관리 사회적협동조합도 있습니다. 안양 8동 도시재생사업을 통해 설립된 명학마을조합은 1년 동안 격주로 모임을 진행하면서 조합 설립을 위한 내실을 다져 왔습니다. 이를 통해 주민들은 주인의식을 갖고 사업을 이끌어갈 수 있는 역량을 키워 왔고, 회의 방법을 익히면서 갈등을 예방하고, 관리하는 역량을 다졌습니다. 이로 인해, 조합 설립 이후 거점시설의 준공이 다소 늦어져 1년 이상의 시간이 지체되었음에도 불구하고 조합원 간 갈등이나 조합원의 이탈이 발생하지 않았고, 위탁 과정에서 예기치 못한 문제가 발생했을 때도 조합원들이 똘똘 뭉쳐서 원만하게 문제를 해결할 수 있었습니다.

현재는 거점시설을 기반으로 마을카페와 마을 공방, 재사용 가게 등을 운영하며, 아이부터 어르신까지 함께 교류할 수 있는 마을을 만드는 데 주력하고 있습니다. 연대의 힘을 몸소 경험한 조합원들은 최근 튀르키예에 지진 피해가 발생했을 때에도 재사용 가게를 통해 구호물품을 후원받아 지원하는 등 국제적 연대까지 꾀하고 있습니다.

사진 설명: 안양 명학마을조합의 튀르키예 지진 구호 물품 지원

경남 거제에 있는 장승포 마을관리 사회적협동조합은 지역 자원을 적극 활용하여 사업을 만들어 가고 있습니다. 바닷가 마을의 특성을 살려 지역을 찾는 관광객들이 머무를 수 있는 게스트 하우스와 하늘 카페를 운영하고 있으며, 멋진 야경을 감상하면서 지역 상권을 활성화시킬 수 있는 장승포차도 운영하고 있습니다. 지역의 전통 먹거리인 어묵을 현대화하여 생산할 수 있는 지역 유일의 어묵공장을 만들어 지역 특산물이 가미된 특색 있는 어묵을 개발하고 있으며, 그 외에도 막걸리 사업과 집수리사업, 마을상점 등 관광객과 지역주민을 모두 아우를 수 있는 다양한 사업을 만들어 가고

마을관리 사회적협동조합 따라하기

있습니다.

사진 설명: 거제 장승포 마을조합의 어묵공장

　인천 강화에 있는 강화남산 마을관리사회적협동조합은 공공서
비스 인프라가 부족한 지역의 결핍을 적극적으로 해소하고 있습니
다. 도시재생어울림센터 1층에 마을카페를 운영하면서 지역주민
들의 열띤 호응을 받고 있습니다. 휴식공간이 부족한 지역의 필요
를 발굴하여 저렴한 가격으로 주민들이 모일 수 있는 장소를 제공
하고, 2층 키즈카페에 방문한 부모와 아이들이 편안하게 쉴 수 있
는 기능을 하고 있습니다. 뿐만 아니라 반찬가게와 식당을 함께 운

영하고 있어, 키즈카페에 방문한 엄마들의 만족감을 더욱 높여 주고 있습니다. 강화남산 마을조합은 지역주민들의 또 다른 불편사항인 노후된 주택문제를 해소하기 위하여 집수리 사업을 준비하고 있으며, 목공방을 함께 운영하여 주민들이 스스로 집을 수리할 수 있도록 지원할 계획을 갖고 있습니다.

사진 설명: 인천 강화남산 마을조합의 마을카페

마을관리 사회적협동조합 따라하기

2.

마을조합 설립 준비
어떻게 할까?

1) 비전 수립 및 확산을 위한 지역사회 연대활동

　비전 수립은 설립될 마을조합의 미래상을 만들고, 지역 변화의 방향성을 만들어 가는 단계입니다. 비전은 '미래에 되고자 하는 바람직한 모습'입니다. 비전의 중요성과 관련해서 3명의 벽돌공 이야기를 해드리겠습니다. 한여름 뜨거운 햇빛 아래 땀을 뻘뻘 흘리며 일하는 벽돌공들이 있었습니다. 당신은 지금 무엇을 하고 있나요? 첫 번째 벽돌공은 "보면 모르오? 공사 감독의 지시대로 일하고 있지 않소."라고 답했습니다. 옆의 벽돌공에게 같은 질문을 했습니다. "일당 10만 원에 3층짜리 건물을 위한 벽돌을 쌓고 있소이다."라고 답했습니다. 첫 번째 보다는 구체적인 답변이었습니다. 마지막 벽돌공에게 물었습니다. "나는 아름다운 성당건축을 짓고 있습니다." 3명 중 누가 보람을 느끼며 일의 성과를 만들겠습니까? 마을조합도 마찬가지입니다. 마을조합을 통해 어떤 지역의 변화를 만들어 갈지 제대로 된 비전을 세워 가는 게 그만큼 중요한 이유입니다.

마을조합 설립을 위해서는 먼저 도시재생 및 지역의 변화에 관심도 높은 주민과 전문가가 참여하는 육성팀을 구성하는 것이 좋습니다. 초기 주민협의체 및 기존 주민조직 등과 연계하되, 도시재생대학 및 주민공모사업 등을 통해 다양한 주민을 발굴해서 참여할 수 있도록 하는 것이 좋습니다. 육성팀은 마을조합 설립 전 사업 발굴부터 평가까지의 계획과 실행을 전담합니다. 이들이 향후 설립되는 조합의 발기인으로 참여할 가능성이 높습니다.

다음으로 지역조사 및 인터뷰를 진행해야 합니다. 기존 지자체 및 현장센터의 지역조사 자료 검토를 통해, 지역의 필요 요소를 도출합니다. 도시재생대학과 연계하여 육성팀 참여주민이 직접 밀착 조사를 실행하여 지역의 핵심 의제를 발굴해 갑니다. 이 과정에서 주민·전문가 인터뷰를 진행하는 것이 좋습니다. 지역에 필요한 사업 및 활동, 주민의 필요 욕구를 파악하기 위해 주민 인터뷰 과정을 진행하는 것입니다. 지역주민의 구성현황을 기반으로 연령별, 성별, 거주특성별 등으로 세분화해 주민 수요를 발굴합니다. 도시계획, 건축, 마을공동체, 사회적경제 등 분야별 전문가 인터뷰를 통해 외부환경 및 사회변화와 연계한 지역 변화의 방향성에 대한 의견을 청취합니다.

이제 본격적으로 비전을 수립해야 합니다. 지역주민이 공감할 수 있고, 실제 마을조합 활동을 통해 변화를 견인할 수 있는 구체적인 비전을 수립하는 것이 좋습니다. '좋은 마을', '살기 좋은 마을'이라는 비전은 모호하며, '삶의 질 제고', '선순환 체계' 등은 일반 주민들이 이해하기 쉽지 않은 문구입니다. 명확하고 구체적이어야 주민이 마을 조합을 제대로 이해할 수 있기 때문입니다.

비전 수립 이후에는 비전을 확산하기 위한 지역사회 연대활동을 펼쳐야 합니다. 이는 지역주민들이 조합을 인지하고, 관심과 지지를 통해 조합원으로서 참여를 독려하기 위한 단계입니다.

먼저 지역사회 공론화를 위해 지역단체 및 주민간의 연계 고리를 강화합니다. 비전과 유사한 의제를 기반으로 활동 중인 지역 단체, 기관, 모임 등으로부터 자문을 받고 함께 논의할 수 있는 기회를 만들어 갑니다. 주민 설명회 및 간담회 등을 통해 주민 접점을 형성하여 지역 내 조합의 비전을 공론화하는 것이 좋습니다.

다음으로 지역사회 연대활동 추진을 해야 합니다. 연대활동은 수익 창출이 아닌, 지역주민에게 조합을 알리고 참여를 촉진하는 활동입니다. 초기단계에서 많은 주민의 참여를 기대하기보다, 2~3명의 적은 주민이라도 함께하는 것이 중요합니다. 홍보활동과 유사하나, 단순 정보전달식의 홍보와 달리 주민이 조합의 비전에 공

마을관리 사회적협동조합 따라하기

감할 수 있도록 비전과 연계된 참여활동으로 기획해 나가야 합니다. 다음은 이러한 지역사회 연대활동 예시입니다. 여러분 지역의 특성에 맞게 연대활동을 기획해 봅시다.

표 설명: 지역사회 연대활동 예시

비전	지역 특성	연대활동(예)
제로웨이스트 마을 만들기	초·중학생 많음 취약계층 거주	커피 찌꺼기를 활용한 퇴비/화분 만들기 커피 찌꺼기 화분으로 텃밭 가꾸고 수확물 나누기
시니어가 젊어지는 마을 만들기	고령화지수 높음 인근 대학교 위치	청년이 기획하는 액티브 시니어 축제 청년멘토가 함께하는 액티브 시니어 취미 나눔

2) 사업모델 수립

 사업모델 수립은 발굴한 사업의 사업화 가능성 검토 후 사업모델을 수립해 향후 마을조합에서 실행 가능한 사업의 우선순위 및 후보군을 선정하는 단계입니다. 어떤 분은 마을조합을 설립하고 나면 지자체나 지역주민들이 무조건 마을조합의 상품과 서비스를 구매해 줄 것이라 기대합니다. 하지만 사람들이 단순히 뜻이 좋다는 것만으로, 마을조합에서 만들었다는 이유 하나만으로 구매하지는 않습니다. 물론 처음에는 우호적인 소비가 일어날 수 있습니다. 그렇지만 지속 가능하기 위해서는 마을조합에서 만든 상품과 서비스 역시 시장에서 통할 수 있을 정도로 품질이 입증되고 고객들에게 충분히 매력적이어야 합니다. 그렇기에 사업모델 수립이 중요합니다. 사업모델 수립은 사업 구상, 사업 검토, 사업 분석, 사업 계획 수립 등으로 다시 나누어집니다.

먼저 사업 구상입니다. 이를 위해 도시재생사업의 성과를 목록화하는 것이 좋습니다. 도시재생사업 활성화계획의 성과에 대해 물리적·경제적·사회적·문화적 각 분야로 구분하여 정리해 봅시다. 이러한 성과 중 지속적인 유지관리가 필요하거나 추진해야할 내용을 중심으로 마을조합의 사업 아이템을 구상해 볼 수 있습니다. 다음은 도시재생사업 성과목록표 예시입니다.

표 설명: 도시재생사업 성과목록표 예시

분야	성과
물리적 분야	집수리 지원을 통한 주거환경개선, 보행환경개선, 주차장 신설 및 확충, 공공공간 시설 개선, 어울림센터 신축 등
경제적 분야	지역 특화산업 지원 및 육성, 신산업 육성, 사회적경제조직 육성 및 지원, 연계, 일자리(일거리) 창출 등
사회적 분야	주민모임 형성 및 발굴, 주민공모사업 ○○팀 참여 및 실행·네트워크 형성, 주민협의체 운영 등
문화적 분야	지역축제 기획 및 운영 ○○회, 문화예술인 네트워크 형성, 상시적인 문화예술 공연 및 프로그램 운영 등

또한 지역기반 사업을 정리해야 합니다. 공공영역과 관련해서는 지자체에서 시행 중인 사업 중 마을관리와 연관된 사업 발굴을 해야 하며 민간영역 중에서는 지역조사 및 주민 인터뷰 토대로 검토

가능한 사업을 발굴해야 합니다. 이와 관련한 예시는 다음 표와 같습니다.

표 설명: 마을관리 관련 공공/민간영역 사업 종류 및 과제

구분	공공영역	민간영역
관련 사업	골목환경관리, 공원녹지관리 재해·재난 대비, (무인)택배 보관 생활 공구 대여, 취약계층 간단 집수리	시설물 유지관리(청소·소독 등) 간단 집수리, 마을 식당 및 카페 틈새 돌봄, 교육, 마을 배송 등
해결 과제	부서 별 분산된 업무 통합 민간위탁 및 용역사업 가능 여부	시장 충돌로 인한 민원 발생 가능성 전문역량 부족 및 시장 포화도

두 번째로 사업 검토를 하기 위해 사업을 분류하고 사업 정의를 해야 합니다. 사업 분류는 사업구상 단계에서 발굴된 사업을 조합의 비전·역량·필요성 등을 기준으로 재분류하는 것입니다. 초기 사업 및 중장기 사업 또는 외부협력사업 등으로 분류하여 마을 조합 로드맵 수립의 기초를 마련해야 합니다. 다음은 비전, 역량, 필요성에 따른 사업 분류 기준 예시입니다.

마을관리 사회적협동조합 따라하기

표 설명: 사업 분류 기준 예시

구분	판단 기준
비전	조합(육성팀)의 비전과 연관성 및 지역 변화의 방향성과 일치 여부
역량	조합(육성팀)의 현재 역량(자본, 인력, 기술 등)으로 실행 가능한지 여부 외부자원(인력, 장비 등) 활용 가능성 및 조합 역량 확보 시간·가능성 검토
필요성	조합의 안정적인 운영기반 마련 및 일자리 확보 용이성 지역주민이 조합 활동과 지역 변화를 체감할 수 있는지 여부

사업 정의는 우선순위별 핵심 사업의 주요 속성 및 핵심 내용을 요약·정리하는 과정입니다. 사업의 속성을 파악하여, 사업의 명칭만으로 판단하기 어려운 일련의 사업 과정을 정리하는 것입니다. 사업정의 결과 분류기준에 부합하지 않을 경우, 차순위 사업 정의를 통해 우선사업을 선정해야 합니다. 다음은 사업 목적, 사업 요약, 사업 활동, 주요 고객, 수익 모델, 유사 사업 등에 따라 '간단 집수리 사업'을 예시 삼아 정의한 내용입니다.

표 설명: 사업 정의 예시

구분	주요 내용	예시 (※ 간단 집수리 사업)	
사업 목적	사업을 통해 이루고자 하는 내용 (고객에게 제공하는 가치)	취약계층의 주거환경 개선을 통한 삶의 질 향상	
사업 요약	사업의 핵심 내용을 간단하게 기술	취약계층 주거지의 전구·방충망 등 소규모 수리·교체 및 유지관리 등	
사업 활동	사업과정에서 발생하는 행위	접수, 사전 방문, 관리 항목 검토, 수리(교체), 결과보고, 후속관리 등	
주요 고객	사용자, 구매자, 비용지불자 등 구분	사용자	취약계층
		비용지불자	지자체
수익 모델	판매비, 임대료, 광고료 등 수익 창출 요소	서비스 수수료	
유사 사업	유사 사업 탐색 및 정리	지역 인테리어 업체, 공구 대여소 등	

　세 번째로 사업 분석입니다. 이는 수요 분석, 시장 분석, 환경 분석 및 가능성 탐색으로 나누어집니다. 수요 분석은 각 사업별 핵심 수요자(고객)군 예측 및 분석(연령, 특성, 직업, 성별, 구매시간 등)을 하는 것입니다. 유사 사업의 이용 및 구매 현황 분석(이용방식,

특징, 불만 및 개선사항 등)을 해야 합니다. 시장 분석을 위해서는 각 사업별 시장 영역(B2C-개인·커뮤니티 대상 / B2G-지자체·공공기관 대상)을 분류해야 합니다. 마을조합은 주로 지역 내에서 사업 활동을 진행하므로 지역 내 시장규모 확인이 중요합니다. 다음은 이에 따라 시장 분석을 해야 할 지표들입니다.

표 설명: 마을조합 B2C와 B2G에 따른 사업 분석

B2C	일반 현황	지역 인구현황, 인구 변동흐름, 신규 주거지 형성, 소득 및 소비 수준 등
	심층 현황	유사 상품·서비스 거래 현황, 주요 사업체 점유율 등
B2G	일반 현황	지자체, 공공기관, 공공시설(복지관, 어린이집 등) 관련 예산 검토
	심층 현황	계약방식 및 시기, 예산 흐름(최근 3년), 기존 사업수행기관 분석 등

환경 분석 및 가능성 탐색은 외부와 내부 환경 분석으로 나누어집니다. 외부환경 분석을 위해서는 각 사업별 정책 동향, 지원정책 현황, 주요 이슈 등을 검토해야 하며 유사 사업 관계자, 해당 분야 전문가, 선배 사회적경제기업 등의 자문 통해 면밀히 분석해 나가야 합니다. 내부환경 분석은 참여가능 인력의 전문성 및 협력 가능한 전문가 현황 등을 검토하는 것입니다. 지역 내 유사사업 대비

차별화 요소(가격, 서비스 질, 새로운 가치 등) 여부를 검토해야 합니다. 환경분석 방안 중 하나로 SWOT 전략을 들 수 있습니다. 이는 내·외부 환경 분석을 통해 강점과 약점, 위기와 기회 요소를 발굴해 적절한 사업 전략을 수립할 수 있는 분석 틀입니다. 다음 표처럼 이에 따라 4가지 전략을 세워 볼 수 있습니다.

표 설명: SWOT 전략

환경분석	기회 (Opportunity)	위 (Threat)
강점 (Strength)	**SO전략** 강점으로 기회이익을 얻기 위한 전략 ○ 시장기회 선점 ○ 시장·제품 다각화	**ST전략** 강점으로 위협을 회피하기 위한 전략 ○ 시장 침투 ○ 제품 확충
약점 (Weakness)	**WO전략** 약점을 극복해 기회를 활용하는 전략 ○ 핵심역량 강화 ○ 전략적 제휴	**WT전략** 위협을 회피하고 약점을 최소화하는 전략 ○ 사업 철수 ○ 제품·시장 집중화

마지막으로 이제 사업 계획을 본격적으로 수립해야 합니다. 이를 위해 재무적인 부분을 잘 검토해야 합니다. 이 부분은 주민 스스로 하기가 쉽지 않기에 운영지원전문기관의 협력이 필요한 부분

입니다. 각 사업별 예상 비용·수익, 장기적 재무계획을 수립해야 합니다. 시설비, 임차료 등 소요자금을 검토해야 하며 이러한 자금을 조달할 수 있는 방안으로 출자금, 지자체 지원사업 등을 검토해야 합니다. 또한 손익계산서를 추정해야 합니다. 먼저 매출 총액과 원가를 추정한 뒤 매출 총이익을 산출합니다. 다음으로 판매비와 관리비를 추정해 매출총이익에서 이 금액을 제외한 영업이익을 산출합니다. 이후 영업외 수익, 영업외 비용, 법인세 등을 제외하면 당기 순이익이 나오게 됩니다. 이를 위해 해당 업종의 평균 매출, 원가, 영업이익 등에 대한 정보를 모아야 합니다. 크든 작든 사업을 한다는 것은 위험부담을 안고 가는 일이며 이러한 위험을 관리할 수 있는 예측이 중요합니다. 물론 예측대로 100% 흘러가는 사업은 없겠지만 예측을 하지 않는다면 어디서부터 잘못되었는지, 그래서 어떻게 수정 보완하면 좋을지 알 수 없기 때문입니다. 따라서 예측은 최대한 실질적인 데이터를 수집하고 먼저 창업한 이들의 사례와 시행착오를 검토하며 해나가야 합니다.

표 설명: 손익계산서 추정

항목		추정금액
매출총액		
매출원가		
매출총이익		
판매비	홍보비	
	카드수수료	
	기타	
관리비	인건비	
	전기 등 공과금	
	임대료	
	기타	
영업이익		
영업외수익	기부금	
	이자	
	기타	
영업외비용	대출이자	
	기타	
법인세 등		
당기 순이익		

3) 사업단 구성 및 시범사업 실행

이제 사업 검토를 통해 선정된 우선사업을 실행할 주민 사업단을 구성해서 시범사업을 실행해야 합니다. 이를 통해 실제 적용 과정에서 위험요소를 사전에 발굴하고 사용자 평가를 진행할 수 있습니다. 자원이 많고 크게 실패해도 다시 시도할 수 있는 대기업과 달리 마을조합은 한 번의 실패로도 주저앉을 수 있습니다. 따라서 처음부터 거창하게 하는 것이 아니라 작게 시범사업부터 시작해 보면서 고객의 반응을 살펴 수정 보완해 가며 낭비를 줄이는 사업방식이 필요합니다. 이를 린스타트업(lean startup) 방식이라고도 합니다. 린이란 말은 '낭비가 없는'이란 뜻이고, 스타트업은 신생 벤처기업을 뜻합니다.

주민 사업단 구성을 위해서는 설명회를 개최해야 합니다. 비즈니스모델 검토 후 마을조합 육성팀 주최로 주민 대상 사업설명회를 개최합니다. 설명회는 마을조합의 사업 방향에 대한 공감대 형성 과정이자 사업 추진 공식화 과정입니다. 사업단은 마을조합 설립을 감안해 사업 역량과 의지를 지닌 주민을 우선 선발해야 합니다. 사업단 모집과 선발과정에 지자체, 운영지원기관이 참여해 공정성을 확보해야 합니다. 주민 사업단 역량을 강화하기 위해 교육과정 운영할 수 있습니다. 사업별 전문교육(장비 사용, 안전, 위생 등) 및 인식개선 교육(성평등, 장애인 등)을 진행하는 것입니다.

시범사업 실행을 위해서 마을조합 육성팀에 참여한 주민 또는 해당 사업의 전문성을 가진 주민 등 주민리더를 중심으로 사업단을 체계화해야 합니다. 아직 법인 설립 전 단계임을 감안해 사업 공간 확보, 사업단 역할 분장 등 최소 기능으로 조직을 구성하는 것이 좋습니다. 행정·회계 등 백오피스(Back Office) 기능은 현장지원센터에서 통합 관리 지원할 수 있도록 합니다.

이제 시범사업 실행입니다. 시범사업은 기간·장소·활동 등이 제약되기 때문에 전체 사업의 검증 및 성과 도출에는 한계가 있습니다. 하지만 사전 검토 과정에서 취약한 지점을 확인하고 이를 검증하는 좋은 기회입니다. 각 사업의 특성에 따라 시간·장소·활동·대상 등을 달리 계획하는 등 사업의 성과보다 검증을 목표로 사업계획 수립 및 사업 시나리오 작성하는 것이 좋습니다.

먼저 시범사업을 잘 홍보해야 합니다. 조합 설립 후 사업의 사전 홍보 차원에서 다양한 방식으로 집중 홍보할 필요가 있습니다. 온라인 커뮤니티, 현수막, 포스터, 리플렛, 공공기관 홈페이지, 동영상 등 가능한 다양한 채널을 확보하도록 합니다. 마을관리 사회적 협동조합의 정체성과 가치가 각인될 수 있도록 일관된 톤과 키 이미지(Key Image)로 홍보를 진행합니다. 주민협의체 및 지역사회 연대활동과 병행할 때 홍보 효과가 높습니다.

사업계획 및 시나리오를 기반으로 일정 기간 시범사업을 실행합니다. 도시재생 주민공모사업 및 역량강화 사업 등과 연계하여 사업 실효성을 높일 수 있습니다. 리스크 관리를 위해 유사업종 선배 사회적경제기업의 자문과 협력을 병행하도록 합니다.

4) 시범사업평가 및 마을조합 설립계획 수립

　이는 시범사업 과정을 통해 사업 전 과정을 평가·검토한 뒤 최종 사업 확정하며, 확정된 사업을 우선으로 마을조합 설립계획을 수립하는 단계입니다.

　먼저 시범사업 평가를 위해 주민 평가단 운영을 해야 합니다. 지역사회 연대활동을 통해 확보된 주민을 중심으로 평가단을 구성하여 이용자(소비자) 평가를 진행합니다. 평가단 외 일반 주민 평가를 통해 사업 홍보과정, 이용 접근성 등 개선사항을 발굴합니다. 다음으로 시범사업 사업단 심층 인터뷰를 통해 사업 프로세스 및 의사소통, 역량 등 효율화 과제를 발굴합니다. 사업별·사업단계별 다양한 요소를 점검하여 사업 실행 시 시행착오를 최소화할 수 있도록 합니다. 이러한 평가단 및 사업단 인터뷰를 토대로 조합 육성팀이 전체 사업과정을 재점검합니다. 해당 사업 분야 전문가 참여를 통해 과정 또는 주제별 평가 워크숍을 진행할 수도 있습니다.

마을조합 설립을 위해서는 발기인을 구성해야 합니다. 마을조합 설립 전(前) 단계는 조합 육성팀 주도로 진행되었으나, 계획수립부터 설립인가까지의 전 과정은 조합의 설립 주체인 발기인이 진행하기 때문입니다. 조합 육성팀은 사업평가를 통해 자연스럽게 발기인으로 전환될 수 있도록 하는 것이 좋습니다. 발기인은 조합 육성팀 외 사업단 참여주민, 평가단 등으로 5인 이상을 구성해 향후 마을조합 설립 시 사업의 연속성과 안정성을 확보하도록 합니다. 구성된 발기인을 중심으로 마을조합의 설립 계획을 세워 나갑니다. 설립지원 과정의 경험을 바탕으로 마을조합의 비전을 재점검하고, 최종 수립된 비전에 부합한 목적, 목표, 주 사업, 자금운용계획 등을 수립해 나갑니다.

3.

법인 설립은 이렇게

1) 참여 주민 모집과 법인 설립 교육

주민과 함께하는 마을조합 설립을 위해 주민이 참여할 수 있는 다양한 경로 설정이 필요합니다. 마을조합은 지역사회를 대표하는 지역관리조직으로서 활동하기 위해서는 구성원의 다양성을 바탕으로 대표성 확보는 필수 요소입니다. 설립과정에서 주민협의체 소속 주민뿐 아니라 지역의 다양한 주민, 단체와의 교류·협력을 기반으로 설립해 지역사회 수요를 반영하는 사업 운영 구조 마련이 필요합니다. 이를 위해서는 적극적인 홍보가 필요합니다. 홍보의 방식·대상을 다양하게 구성해 다수의 주민들이 참여할 수 있도록 해야 합니다. 다음은 이를 위한 홍보 방식별 주요 특징입니다.

마을관리 사회적협동조합 따라하기

표 설명: 홍보 방식별 주요 특징

구분	방식	특징
일반홍보	포스터, 현수막 등	○ 불특정 다수에게 마을관리협동조합의 존재감 인식 ○ 사업 실행 및 이슈 발생 시 강조 기능
	리플렛, 자료집 등	○ 시범사업 실행 등 소개, 성과보고 등
교육·행사	포럼, 소규모 강연 등	○ 주민 관심사에 대해 전문가 연계해 조합의 활동 홍보 ○ 정기적으로 진행해 공론장 역할 및 신뢰감 형성 가능
	축제, 행사, 장터 등	○ 지역의 다양한 주체들과 협력·연대 고리 형성 가능
온라인	지역커뮤니티 참여 등	○ 지역에 관심도와 지역 사안에 참여도 높은 주민 대상 홍보 및 참여 독려

다음으로 법인 설립을 위한 교육이 필요합니다. 마을조합은 지역의 변화라는 공공의 이익을 위해 설립하는 사회적협동조합으로 일반 법인과는 다른 특성이 존재합니다. 발기인, 일반 주민, 지자체, 지원기관 등 다양한 주체들이 함께 교육을 이수해 마을조합에 대한 이해를 증진할 필요가 있습니다. 대상자를 고려해 이론 중심보다 사례를 통한 구체적이고 생생한 이해를 도모하는 교육이 좋

습니다. 또한 발기인 및 설립동의자들의 적극적 참여 유도를 통한 워크숍 방식 운영이 필요합니다. 이러한 교육을 통해 지역의 비즈니스 가능성을 탐색하고 비즈니스 실행 기반을 마련할 수 있습니다. 다음은 8회차 교육의 주요 내용 예시입니다.

표 설명: 마을조합 법인 설립 교육 예시

회차	시간	주요내용
마을관리 사회적협동조합 이해 및 관련 제도 등 기초교육 진행		
1회차	3H	**마을관리 사회적협동조합 및 소셜 미션 수립** - 사회적경제, 협동조합, 마을기업의 개념에 대한 이해 - 마을관리 사회적협동조합의 개념 이해 - 우리 마을에 협동조합 및 마을기업이 왜 필요한가?
2회차	3H	**마을관리 사회적협동조합의 국내외 사례 및 성공비결** - 마을관리 사회적협동조합 국내외 사례 - 성공비결 및 벤치마킹 요소
3회차	3H	**정관 작성 등 마을관리 사회적협동조합 설립절차** - 정관 조항에 따른 안내 및 법령 취지 등에 대한 교육 - 마을관리협동조합 설립과정 교육갈등 사례 제시

마을관리 사회적협동조합 따라하기

회차	시간	주요내용
		선진지 탐방
4회차	6H	**선진지 탐방** - 적합한 선진지 사례 연계 - 선진지 사례의 특장점 제시
		비즈니스 모델 수립 및 사업계획서 작성
5회차	3H	**비즈니스 모델 이해 및 지역 특화 사업 발굴** - 사업에 대한 구조적 이해를 위한 비즈니스 모델 이해 및 응용 - 주민 수요에 맞는 지역 특화 사업 발굴
6회차	3H	**트렌드 분석 및 고객 분석을 위한 페르소나 작업** - 트렌드의 중요성과 현 시점에 맞는 사업적 트렌드 분석 - 타깃 고객 설정을 위한 페르소나 작업
7회차	3H	**사업계획 수립 워크샵** - 매출 추정 - 마을관리 사회적협동조합 구체적인 사업계획 수립
		마을관리 사회적협동조합 설립 및 인가 지원
8회차	3H	**창립 총회 개최 지원** - 총회 준비 지원(총회자료집 작성 및 관련 서류 작성 등) - 총회 진행 지원

2) 정관 작성

　발기인들은 법인 설립 교육을 이수하며 정관과 사업계획서를 작성해야 합니다.

　먼저 정관은 협동조합 최고의 자치법규이자 조합의 정체성과 고유 특징을 담은 근본 규칙이라고 할 수 있습니다. 정관을 통해 마을조합의 근거법령인 〈협동조합 기본법〉이 구현됩니다. 마을조합의 사업 집행 시, 조합원과의 의사결정 시, 갈등발생 등 운영과정에서 기준이 됩니다. 정관은 조합원 간의 계약서라 할 수 있습니다. 발기인은 '마을관리 사회적협동조합 정관작성예시'를 참고해 조합의 특성이 반영된 정관을 작성해 나갑니다. 정관에서 규정하지 않은 세부사항은 규약 및 규정으로 정할 수 있습니다.

표 설명· 정관·규약·규정 의결기준 및 주요 사항

구분	정관	규약	규정
의결	○ 총회 - 과반수 출석, 2/3 이상 찬성 ○ 중앙행정기관의 장 인가	○ 총회 - 과반수 출석, 과반수 찬성	○ 이사회 - 과반수 출석, 과반수 찬성
내용	○ 14개 필수사항 - 목적, 명칭, 조직, 사업 등	○ 정관 이외에 조직, 사업에 필요한 사항	○ 정관, 규약 이외에 경미한 사항
예시	○ 표준정관(예시)	○ 총회운영, 출자금 감소, 현물출자 등	○ 이사회 운영, 감사, 직원보수, 선거관리 등

정관은 총 8장으로 이뤄져 있습니다. 이 중 제8장은 '합병·분할 및 해산'에 대한 내용이기에 나머지 7장에 집중해서 볼 필요가 있습니다.

이는 다시 4가지로 구분할 수 있습니다. 첫째, 제1장 총칙은 마을조합의 목적을 비롯한 전반적인 사항을 규정합니다. 둘째, 조합원에 대한 내용이 있는 장으로 '2장 조합원'에서는 마을조합 구성원으로서 조합원의 자격, 책임에 대한 내용을 규정하며 '3장 출자와 경비부담 및 적립금'에서는 조합원으로서 가장 중요한 의무인 출자금 등에 대해서 규정하고 있습니다. 셋째, 기관에 대한 부분으로 이는 의결기관과 집행기관으로 구분됩니다. 의결기관에 대해서는 '4장 총회와 이사회'에서 규정하고 있으며 집행기관에 대해서는 '5장 임원과 직원'에서 규정하고 있습니다. 이러한 특성이 마을조합의 '주민 결사체'의 바탕이 됩니다. 마지막으로 사업 파트로 '6장 사업과 집행'과 '7장 회계'가 있습니다.

조항별로 보다 꼼꼼히 살펴보고 함께 이해하고 의사 결정해야 할 부분을 말씀드리겠습니다.

〈제1장 총칙〉 중 제1조(설립과 명칭)에 유의해야 합니다. 조합의 명칭에 대해서는 마을조합은 해당 도시재생활성화계획에 따라 설립되는 주민조직으로 명칭을 선정할 때에는 도시재생 특별위원회로부터 승인받은 도시재생사업명 또는 도시재생활성화지역명을 반드시 포함하도록 해야 합니다. 명칭에 사용되는 '도시재생사업명'의 글자수 문제 등으로 명칭을 변경하고자 할 경우 지자체와 협의 후 명칭 변경이 가능합니다. 단, 명칭은 정관에서 정하는 '사업구역'을 규정하기 때문에 '지역명'을 넘어서는 사업구역을 설정하지 않도록 주의해야 합니다.

〈제2장 조합원〉에 있어서는 제10조(조합원의 자격 및 유형)과 제16조(탈퇴·제명조합원의 출자금환급청구권)를 이해할 필요가 있습니다. 조합원은 원칙적으로 도시재생 지역 내 거소 또는 주사무소를 둔 자이지만 이사회 등의 의결이 있는 경우 예외를 둘 수 있

마을관리 사회적협동조합 따라하기

습니다. 탈퇴 시 출자금의 환급을 청구할 수 있으나 다음 회계연도부터 청구가 가능합니다. 〈제3장 출자와 경비부담 및 적립금〉에서는 제18조(출자)에서 1좌의 금액을 정하도록 하고 있습니다. 보통 1만 원 내지 5만 원으로 하고 있습니다. 다만 법상 한 조합원의 출자좌수는 총 출자좌수의 100분의 30을 초과해서는 안 됩니다.

〈제4장 총회와 이사회〉에서는 제30조(정기총회)에 따라 매년 1회 회계연도 종료 후 3개월 이내에 정기총회를 하도록 하고 있습니다. 제36조(의결권 및 선거권)에 따라 조합원은 출자좌수에 관계없이 각각 1개의 의결권과 선거권을 갖습니다. 제33조(총회의 의결사항)에 따라 정관의 변경, 임원의 선출과 해임, 사업계획 및 예산의 승인, 결산보고서 승인, 감사보고서의 승인 등을 총회에서 의결해야 합니다. 〈제5장 임·직원 및 사무국, 운영지원전문기관〉에서는 제47조(임원의 선임)을 유의해서 살펴보아야 합니다. 이사의 기준인데 다음 3가지 중 어느 하나에 해당하는 자여야 합니다. 발기인들이 논의하여 1년 혹은 2년으로 기준을 정해야 합니다. 제51조(임원의 임기)에서 임원의 임기를 1~4년 사이로 정해야 합니다. 임원은 연임할 수 있으나 이사장은 2차례만 연임 가능합니다.

표 설명: 마을조합 정관 제47조(임원의 선임)의 이사 기준

1. 해당 도시재생활성화지역 내 주민협의체 활동에 ○년 이상 참여한 자로, 선출 시까지 도시재생활성화지역 내에 ○년 이상 거소를 두거나 주민등록기록상 ○년 이상 거주한 자
2. 마을조합에서 ○년 이상 조합원으로 활동한 자
3. 해당 도시재생활성화지역 또는 그 지역을 포함한 ○○ 시/군/구 내에서 제62조 제1항 각 호의 사업에 ○년 이상 종사한 자

〈제6장 사업과 집행〉에서는 제62조(사업의 종류)와 관련하여 잘 논의해서 결정해야 합니다. 마을조합은 정관에 명시된 사업만을 수행해야 하며 정관에 명시되지 않았거나 명확히 기재되지 않은 사업의 경우 사업이 불가능합니다. 또한 정관의 '사업의 종류'와 세부사업계획서, 수입·지출예산서의 '주 사업 및 기타사업' 내용이 일치하도록 작성해야 합니다. 설립 인가 후, 사업을 추가하기 위해서는 총회를 통한 정관변경 및 법인 등기를 새롭게 해야 하는 번거로움이 있습니다.

이상 주의해야 할 중요 조문을 살펴보았습니다. 다른 조문들도 발기인들이 함께 읽고 의사결정해 나갈 수 있도록 하길 바랍니다. 또한 사회적협동조합 설립인가 신청 시 향후 서류검토 및 현장실사 단계에서 서류보완 등 불필요한 보완작업을 최소화할 수 있도록 해당 권역별 통합지원기관(www.coop.go.kr)과 사전 상담 및 서류검토가 필요합니다.

3) 사업계획서 작성

사업계획서는 정관과 연계하여 작성하고 설립 전 준비과정을 충분히 검토해 주민·지자체·지원조직 등이 함께 협의하여 작성해야 합니다. 국토교통부에 제출하는 세부사업계획서 양식을 위주로 살펴보면 추진배경, 사업목표 및 추진내용, 기초생활인프라 운영관리와 활용계획, 세부사업계획, 예산총괄표 등으로 나뉘어 있습니다.

첫째 추진 배경은 다시 설립배경, 필요성 및 역할, 자원분석, 역량분석 등으로 나누어집니다. 다음은 이 중 자원분석에 대한 예시입니다.

표 설명: 마을조합 사업계획서 자원분석 예시

○ 지역 특성
· ○○면 내 사업체 수는 20○○년 이후 지속적으로 증가 중
· ○○시의 원도심인 읍성권에서 타 도시를 연결하는 길목이라는 입지적 특성으로 사업체와 종사자 수는 지속 증가
· 대상지는 ○○면 행정복지센터 인근에 위치하고 있으며, 대상지 주변으로 초등학교 O곳과 유치원 O곳, ○○여 개의 기초 인프라가 밀집
· 약국, 의원, 소매점 등 기초생활인프라 시설과 식당 등 주민들의 이용도가 높은 지역 특성으로 인해 이들과 연계한 기초생활인프라의 서비스 공급 효과가 높음
· 다만 지역 자체적으로 성장 동력이 부족
· 다양한 지역 특산품 관련 가공식품을 활용한 지역활성화 자원이 확보되어 있는 상황

○ 인구 특성
· 2020년 기준으로 ○○세대에 인구수는 ○○명으로 이 중 고령인구는 ○○명으로 노령화 비율이 ○○%에 육박
· ○○면 주민은 지역 활성화를 위한 관심과 참여도가 높으며, ○○년 ○○월 ○면 도시재생주민협의체를 구성하는 등 지역 변화를 위한 열의가 높은 특징
· 또한, ○○면 지역의 ○개 유관기관과 협약을 체결하여 지속 가능한 지역 활성화를 위해 다방면을 노력을 기울이고 있음

○ 기타 자원
· 관내 다양한 협동조합들과 새마을금고 및 신협 등 사회적경제조직들이 위치하고 있어 변화의 동력 확보 가능
· 설립 후, 사업 운영 및 공동사업 등 사회적경제영역에서의 협력 가능

둘째, 사업목표 및 추진내용을 작성해야 합니다. 이는 다시 사업목표, 추진방향, 추진체계, 사업총괄, 고용계획 등으로 나뉩니다. 이 중 추진방향에 대한 예시는 다음과 같습니다.

표 설명: 마을조합 사업계획서 추진방향 예시

○ ○○어울림센터를 매개로 다양한 자원의 연결
· 외부 방문객과 지역 자원을 연결하는 거점으로서 ○○면 위상 제고
· 지역주민과 주민 또는 외부 방문객이 연결되는 교두보로 지역 이미지 변화

○ ○○면의 인식 전환 및 유대 강화
· 지역 특산품 주산지로서의 콘텐츠를 개발하여 ○면 인지도 강화
· 다양한 관계인구와 주민 간 연결고리를 형성하여 다양한 생활 서비스 개발
· 다양한 체험 프로그램을 기획·운영하여, 지역 내 관광자원 다양화

○ 협력적 민관 거버넌스 및 지역자원 연결성 강화
· ○○면 지역주민조직 등과 협력 강화 및 ○○시 각종 행사 연계협력
· 지역 사회적경제기업 등과 협력을 통한 사업 확장

셋째, 기초생활인프라 운영관리, 활용계획은 다음과 같이 기본현황과 세부계획을 작성하도록 하고 있습니다.

표 설명: 마을조합 기초생활인프라 운영관리, 활용계획 표

1. 기본현황					
위치				조성시기	
2. 세부계획					
구분	면적	주차면수	운영방식	비고	
연면적					

세부사업계획은 정관에 작성한 사업의 종류별로 주요내용, 사업공간, 실행주체, 네트워크 지원역할, 당해연도추진계획, 연차별 달성목표, 연매출액, 고용계획 등을 작성하도록 하고 있습니다. 특히 사업범위 설정 시 사업지역 내 적정 인구 규모, 인적 구성의 다양성, 참여 주민의 역량 등을 잘 고려하기 바랍니다. 다음은 마을카페 및 공유주방 사업에 대한 예시입니다.

마을관리 사회적협동조합 따라하기

표 설명: 마을조합 사업계획서 주요사업 예시

주요내용	· 지역 특산품을 활용한 다양한 메뉴 개발 · ○○시 방문 관광객 및 유입인구를 대상으로 특산물 홍보 · 주민들이 직접 생산하는 작물을 통해 로컬푸드 위상 강화 · 외국인 노동자 먹거리 프로그램 및 주민 연계 프로그램 운영
사업공간	· ○○어울림센터
실행주체	· 카페 운영 ○인 고용 · 주말 단시간 근로자 ○인 고용 예정
네트워크	· ○○ 관공서 및 방문자 센터 연계 홍보 강화 · 지역 내 유명 관광지 및 인플루언서 연계 인지도 제고
지원역할	· 지자체(○○시청) - 카페 이용 홍보 · ○○시 도시재생지원센터 - 카페 및 공유주방 운영교육 지원

	일정		내용
당해연도 추진계획	20××	사업준비 및 시범사업	· 카페 선진사례 조사 및 현장 방문 · 카페 및 공유주방 기획 및 운영 교육 · 카페 및 공유주방 운영계획 수립 · 카페 시범사업 운영
	20××	사업운영	· 사업초기 프로모션 및 홍보 진행 · 정규 고용을 통한 안정적 운영 확보

	연차	내용	
연차별 달성목표	20××	·마을카페 준비 및 시범사업 운영(매출 ○○만 원 달성)	
	20××	·마을카페 및 공유주방 운영 안정화(매출 ○○만 원 달성)	
	20××	·마을카페 및 공유주방 운영 고도화(매출 ○○만 원 달성)	

	구분		산출내역	금액
연매출액	20××	식음료 판매매출	·5천 원(평균)* ○○명(누적)	약○○만 원
	20××	식음료 판매매출	·1만 원(평균)* ○○○명(월)	약○○만 원
		공유주방 매출	·○○만 원*12월	약○○만 원
		총액		약○○만 원

고용계획	○ 총괄 관리자 1인 고용(20××년 예정) ○ 고령 및 취약계층 단시간 근로자 고용(20××년 예정)

예산 총괄표는 수입과 지출을 나눠서 각 항목을 작성해야 합니다. 다음 예시를 살펴봐주세요.

마을관리 사회적협동조합 따라하기

표 설명: 마을조합 사업계획서 예산총괄표 예시

수입(단위: 원)			지출(단위: 원)		
구분	금액	구성비 (%)	구분	금액	구성비 (%)
주사업 도시재생시설 유지보수관리	-		주사업 도시재생시설 유지보수관리	-	
경관관리 및 조경 식재사업	-		경관관리 및 조경 식재사업	-	
마을카페 및 공유 주방사업	5,000,000	34%	마을카페 및 공유 주방사업	1,500,000	10%
마을 빨래방 사업	-		마을 빨래방 사업	-	
로컬푸드 판매사업	4,000,000	27%	로컬푸드 판매사업	2,000,000	14%
교육사업	-		교육사업	-	
공간대여사업			공간대여사업		
기타사업 국가 및 지방자치 단체의 지원사업 및 위·수탁사업	-		기타사업 국가 및 지방자치 단체의 지원사업 및 위·수탁사업	-	
조합원 교육·훈련 및 정보제공 사업	-		조합원 교육·훈련 및 정보제공 사업	200,000	1%
협동조합 간 협력 사업	-		협동조합 간 협력 사업	-	
마을조합 홍보 및 지역사회를 위한 사업	-		마을조합 홍보 및 지역사회를 위한 사업	200,000	1%
사업비 합계	**9,000,000**	**61%**	**사업비 합계**	**3,900,000**	**27%**

수입(단위: 원)			지출(단위: 원)			
구분	금액	구성비(%)	구분		금액	구성비(%)
사업외수입	이자수익	-		경상비(판매비와관리비)	인건비	4,800,000	33%
	후원금 등	-			취약계층 인건비	-	
					홍보비	400,000	3%
					경상비	1,600,000	11%
출자금	5,700,000	39%	사업외비용	이자비용	-	
				잡손실	-	
			출자금 반환		-	
			차입금 상환		-	
			예비비 등		4,000,000	27%
합계	14,700,000		합계		14,700,000	

4) 창립총회

　마을조합은 사업과 조직에 대해 중요한 의사결정을 하는 회의를 통해 운영됩니다. 크게 3개의 회의가 있습니다. 총회, 이사회, 운영위원회입니다. 총회는 전체 조합원이 모여서 의사를 결정하는 회의, 이사회는 이사들이 모여서 의사를 결정하는 회의, 운영위원회는 운영위원들이 모여서 의사를 결정하는 회의입니다. 총회는 최소 1년에 한 번 이상 개최하도록 되어 있으며 총 조합원의 과반수 출석과 출석자 과반수의 찬성으로 의결되는데, 정관 변경 및 협동조합의 합병·분할·해산 등 특별히 중요한 안건에 대해서는 과반수 출석과 출석 조합원의 2/3 이상 찬성으로 강화되어 있습니다. 즉 중요한 안을 최종적으로 승인하는 등 전체 조합원들과 반드시 공유하여 결정해야 하는 중요 안건을 결정하는 회의이죠. 다음으로 총회 아래에 이사회를 두어 좀 더 신속성을 담보하여 업무를 집행할 수 있도록 해 두었습니다. 이사회는 임원인 이사가 조합의 대표성을 가지고 먼저 총회에 올릴 안건을 논의해서 안을 만들고 신속히 집행되어야 할 부분은 결정하는 회의입니다. 마지막으로 협동조합기본법상의 필수적인 의결기관은 아니지만 통상적으로 만드는 운영위원회가 있습니다. 마을조합의 경우 조합원이 많기에 가급적 운영위원회를 통해 조합원들의 참여를 활성화하고 구성원들의 역할을 분배하도록 해야 합니다.

그렇다면 창립총회는 무엇일까요? 네, 전체 조합원이 모여서 창립에 대한 안건을 의사 결정하는 회의입니다. 창립총회는 마을조합의 첫 번째 공식행사로 조합 설립의 정당성을 부여하는 과정입니다. 발기인은 창립총회 개최 7일 전까지 회의목적, 안건, 일시 및 장소 등을 정해 정관으로 정한 방법에 따라 설립동의자를 대상으로 총회소집을 통지해야 합니다. 특히 다음처럼 총회 개최 공고문과 부착 사진을 인가를 받기 위해 제출해야 하니 잘 챙겨주시기 바랍니다.

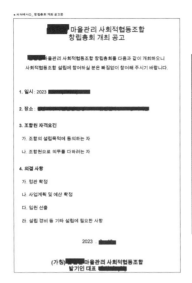

사진 설명: 총회 개최 공고문과 공고문 부착 사진

　창립총회에서 필수적으로 의결할 사항은 정관, 사업계획과 예산, 임원의 선출, 주사무소 소재지, 설립경비 등 설립에 필요한 사항이며, 조합의 상황에 따라 의결사항을 자유롭게 규정 가능합니다. 이러한 의사결정이 들어간 창립총회 의사록을 인가를 받기 위해 제출하게 됩니다. 창립총회는 설립동의자의 과반수 출석과 출석자 2/3의 찬성으로 의결합니다.

5) 인가 서류 준비 및 제출

    발기인은 창립총회 개최 후 사회적협동조합 설립인가신청서 및 첨부서류를 작성해 국토교통부에 인가를 신청합니다. 신청일로부터 60일 이내 설립인가가 원칙이나 부득이한 사유의 경우 1회에 한해 60일 이내에서 기간이 연장될 수 있습니다.

    설립인가 시 필요한 서류는 다음과 같습니다.

표 설명: 설립인가 시 필요서류 목록

구분	제출 서류
1	설립인가 신청서
2	정관 사본(정관에 발기인 5인 이상 날인을 해야 하며, 정관 기명 날인 확인서도 요청됨)
3	창립총회 개최 공고문(공고문 부착 사진도 요청됨)
4	창립총회 의사록 사본(이사장 및 3명 이상의 기명날인인이 날인 을 해야 하며, 창립총회 개최 적법성 확인서도 요청됨)
5	임원명부(임원이력서 포함, 임원 인감증명서를 요청하는 경우도 있음)
6	사업계획서(국토교통부의 양식에 따른 세부사업계획서도 요청됨)
7	수입·지출 예산서
8	출자 1좌당 금액과 출자좌수를 적은 서류
9	발기인 및 설립동의자 명부(개인정보제공 활용 동의서가 첨부되 어야 함)
10	기타(협동조합 설립 과정에서의 회의 내역, 마을조합 지자체 담당 자 사실 확인서가 요청됨)

6) 등기 및 사업자등록

    설립인가 이후 발기인은 창립총회에서 선출된 이사장에게 조합의 사무를 인계하며 이사장은 사무 인수 이후 조합원이 되려는 자에게 출자금을 납입하도록 합니다. 이사장은 설립인가를 받은 날부터 60일 이내에 설립등기신청서를 작성해 주 사무소 소재지의 등기소에 설립등기를 해야 하며 사업개시 전 또는 사업을 시작한 날로부터 20일 이내에 구비서류를 갖추어 관할 세무서에 신청해야 합니다.

4.

마을조합 운영의 시작

1) 의결기관과 집행기관을 중심으로 한 조직 체계 마련

　마을조합 운영의 투명성과 공정성을 확보하기 위하여 의결기관으로서 총회와 이사회 그리고 집행기관으로서 사무국 중심의 경영구조가 갖춰져야 합니다. 설립 초기 사무국 부재 시 이사장 또는 상임이사 선임을 통해 역할을 부여할 수 있으나, 조속한 시일 내 사무국 중심의 운영체계 마련이 필요합니다.

　이사장은 사업을 총괄하며 대외협력 및 연계, 조정 역할을 수행합니다. 사업 초기 단계에서 각 사업별 책임이사 1명씩 배정하여 사업 활성화 및 안정화를 이룰 수 있어야 합니다. 사무국은 전체 사업을 관장하며, 사업계획 수립, 운영관리 및 신규사업 개발 등 조합 성장을 위한 기반을 구축합니다. 각각의 지위는 역할과 기능임을 인지하여, 민주적이고 효율적인 소통체계 마련이 필요합니다.

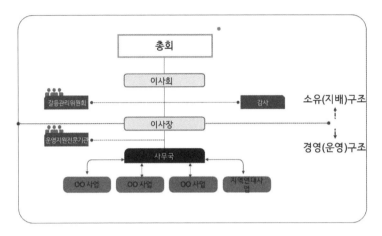

총회

이사회

갈등관리위원회

감사

소유(지배)구조

이사장

경영(운영)구조

운영지원전문기관

사무국

OO 사업 · OO 사업 · OO 사업 · 지역연대사업

그림 설명: 마을조합 조직 체계

2) 조합업무의 분업 및 역할 정리

    마을조합의 실무조직을 탄탄히 구성할 필요가 있습니다. 사무국
장, 회계행정 담당자, 사업기획 담당자가 조직구성의 기본요건이
지만 인력과 재정 한계 등으로 3인 조직구성이 어려울 경우 현장의
상황에 맞춰 구성해 나가기 바랍니다. 마을조합 설립 후 첫 번째
중점사업은 다음 장에서 설명할 거점시설 위탁운영 준비 및 운영
인 경우가 대부분입니다. 이때 회계행정 업무 비중이 크다는 점을
감안하여 회계행정 업무 담당자는 경험이 풍부한 인력으로 구성하
여 조합의 안정성 및 신뢰를 도모해 나가야 합니다.

    또한 일상적으로 조합 업무를 크게 구분하면 조합원 업무, 대외
연대, 갈등관리위원회, 사업계획 및 운영, 대외홍보, 예산관리, 인
사노무, 계약, 지출, 결산, 회계세무, 일상관리 등으로 나눌 수 있으

며 이는 다음 표처럼 다시 세부적으로 나누어집니다. 이 각각의 업무에 대해서 사무국장, 이사, 이사장 등 각각의 역할을 정해서 차질 없이 분업이 이뤄질 수 있도록 해야 합니다.

표 설명: 조합의 주요 업무 및 역할 분장표

업무 구분		사무국장	이사	이사장
단위 업무	세부 업무			
1. 조합원 업무	조합원 가입·탈퇴·접수			
	소모임 운영			
	출자금·기부금 서류 발급			
2. 대외연대	외부 기관 등 협약 체결			
	협력사업 추진			
	업무 협력			
3. 갈등관리위원회	위원 위촉			
	안건 확정·소집			
	회의 관리			
4. 사업계획 및 운영	기본계획의 수립·확정			
	세부실행계획 수립·조정·관리			
	공모사업 계획 수립·확정			
	공모사업 신청·실행			
	사업 운영 및 관리			
5. 대외홍보	중요 사항(방송, 신문 등)			
	일반 사항(공공기관 등)			
	일상 홍보			

업무 구분		사무국장	이사	이사장
단위 업무	세부 업무			
6. 예산관리	예산계획 수립·확정			
	예산 전용			
	예산 집행·관리			
7. 인사노무	채용·사직·휴직·복직			
	휴가·연차·공가·연장근무			
	병가·특별근무 등			
	출장			
8. 계약	최초·중요 계약			
	반복·단순 계약			
9. 지출	○○만 원 초과			
	○○만 원 초과			
	○○만 원 이하			
10. 결산	월별 결산			
	일일·주간 결산			
11. 회계세무	세금신고서 검토 및 확정			
	세금 납부			
	계산서 발행 등 일상 회계			
12. 일상관리	중요 사항			
	일반 사항			

마을관리 사회적협동조합 따라하기

3) 운영 역량 강화

마을조합의 운영 역량은 조직 운영, 경영관리, 사업기획 및 실행으로 나누어 살펴볼 수 있습니다. 이에 대해 우리 마을조합의 현재 상황을 점검해보고 부족한 역량을 어떻게 강화해 나갈 수 있을지 함께 고민할 필요가 있습니다. 지속적인 역량 강화를 위한 '참여주민 역량 훈련'이 필요하며 전문가 협력 네트워크, 지역 자원 등을 활용한 프로그램 개설이 필요할 수 있습니다. 직접 프로그램 개설이 어려울 경우, 지역 공모사업 및 유관단체의 사업 참여방식 등을 활용해 나가기 바랍니다.

이를 위해 지역의 숨은 인적·물적 자원을 계속 결합해야 합니다. 여러분은 철새가 집단으로 비행할 때 V자 대형을 유지하며 날아가는 이유를 아세요? 선두 새의 날갯짓으로 생긴 기류는 뒤따르는 새에게 추가 양력을 준다고 합니다. 이런 원리로 펠리컨은 혼자 날 때보다 V자 대형을 이뤄서 날 때 심장 박동과 날갯짓 횟수가 11~14% 감소합니다. 비행기 역시 이를 응용해 편대 비행을 하면 연료 소모가 최대 18%까지 줄어듭니다. 마을조합 초기 구성원만으로는 자리 잡기 힘이 들 수밖에 없습니다. 하지만 지역주민들과 함께 모여 철새의 V자 편대처럼 함께한다면 그 힘은 배가 될 것입니다.

또한 초기 실무역량은 당연하게 부족하고 미비한 측면이 있을 수밖에 없다는 사실을 충분히 인지하고, 한정된 인력과 재원을 활용하여 효율적으로 관리할 수 있는 방안이 마련되어야 합니다. 조급하게 역량을 끌어올리고자 서두르지 않는 자세가 기본적으로 요구되며 서로에 대한 이해를 바탕으로 공감과 배려하면서 공동체의 책무를 다하는 태도가 요구됩니다.

또한 다양한 문제를 놓고 갈등과 다른 생각이 충돌하기 마련이므로 의사소통과 대인 관계 능력 함양을 위한 교육훈련 과정을 알아보고 함께 듣는 것도 방법입니다. 사실 우리는 마을조합처럼 여러 사람의 필요와 의견을 민주적으로 결합하며 일을 해 본 경험이 많지 않습니다. 낯선 것은 서로에게 거북하고 불편하게 느껴지는 부분이고요. 그러나 우리가 마을조합을 하기로 한 이상 1인 1표의 운영원리를 체화하기 위한 훈련 과정을 거칠 수밖에 없습니다. 이 과정은 근육을 키우는 것과 같습니다. 안 쓰던 근육을 갑자기 쓰게 되면 다음날 근육통에 시달리게 됩니다. 하지만 한 번이라도 같은 동작을 경험한 적이 있으면 다시 같은 동작을 했을 때는 처음만큼 심한 통증을 동반하지 않게 됩니다. 그렇게 조금씩 근육이 붙으며 힘이 생겨납니다. 민주적 의사소통 과정도 마찬가지입니다. 처음이 어려워서 그렇지, 서로 이야기를 듣고 조정해 가는 과정은 자꾸 하다 보면 익숙해질 수 있습니다.

표 설명: 마을조합 역량 점검표 예시

구분	항목	점검			비고
		충분 (○)	보완 (△)	미비 (×)	
조직 운영	비전 정의·수립 및 확산				
	운영인력 및 실행조직 구성				
	네트워크 형성·관리				
	운영 규정(지침) 마련				
	주민참여운영위 구성				
	참여주민 역량 훈련 지속				

구분	항목	점검			비고
		충분 (○)	보완 (△)	미비 (×)	
경영 관리	회계(세무), 인사, 노무 관리				
	예산 및 사업계획 수립				
	행정 협력 체계 구축				
	근무 체계 수립 및 시행				
	민원 대응 및 갈등관리				
	초기 사업자금 마련 대책 수립				
	조직 행정시스템 구축				
사업 기획 및 실행	운영 기획 및 콘셉트 설계				
	하자 점검 및 보수 여부 확인				
	공간 조성 계획·예산안 마련				
	프로그램 기획 및 실행 준비				
	시범운영 준비 및 진행				
	사업모델 개발 및 수립				
	공모 등 운영자 선정 준비				

마을관리 사회적협동조합 따라하기

4) 자원 연계

마을조합은 초기에 공공지원을 받을 수 있습니다. 지원대상은 국가지원 도시재생 사업구역 내 마을관리 사회적협동조합 설립인가를 받고 공공지원 필요요건을 충족한 마을조합입니다. 지원사항은 초기 사업비(최대 5천만 원), 사무공간, 공공시설 운영관리 및 공공서비스 사업위탁, 사업화지원 등입니다. 다음은 2023년 기준, 공공지원요건입니다. 마을조합 설립 후 공공지원 필요요건에 부합하는 경우, 사업계획서 및 관련 증빙자료 등을 첨부하여 지자체에 신청합니다. 공공지원 요건은 정책상황에 따라 바뀔 수 있으니, 마을조합 설립단계에서 지자체와 적극적으로 소통하면서 요건을 명확히 확인하는 것이 중요합니다.

표 설명: 마을조합 공공지원요건

구성항목	주요 내용
설립명칭	√ '도시재생사업명 또는 도시재생활성화지역명 포함 마을 관리 사회적협동조합' 형식의 명칭 사용 ** 마을관리 사회적협동조합 정관 제1조(설립과 명칭)
사업구역	√ 마을관리 사회적협동조합의 사업구역은 해당 도시재생 활성화지역과 그 지역을 포함한 ○○시/군/구 및 그 외 ○○시/군/구 ** 마을관리 사회적협동조합 정관 제5조(사업구역)
사업내용	√ 마을관리 사회적협동조합의 주 사업은 도시재생사업으로 조성된 기초생활인프라 운영관리 및 이를 활용한 지역사회 필요 재화·서비스 사업 ** 마을관리 사회적협동조합 정관 제62조(사업의 종류)
조합원 자격	√ 조합원의 자격은 해당 조합의 정관 제5조(사업구역) 내 거소 또는 주사무소를 둔 자로 하되, 조합원 다수는 도시재생 사업구역 주민으로 구성 ** 마을관리 사회적협동조합 정관 제10조(조합원의 자격 및 유형)
조합원 수	√ 마을관리 사회적협동조합 발기인 및 설립동의자 수 대비 조합원 2배 이상 확보 ** 조합이 마을관리를 위한 주민 대표조직으로서의 대중성 확보, 관련 역할을 수행하기 위해서는 일정규모 이상(최소 30명 이상)의 조합원 확보가 필수

마을관리 사회적협동조합 따라하기

구성항목	주요 내용
임원자격	√ 도시재생 사업구역 내 거소를 두고 주민협의체 및 조합 활동에 일정기간 이상 참여한 자 등 정관을 통해 임원의 자격을 인정받은 자로 선출 ** 마을관리 사회적협동조합 정관 제47조(임원의 선임) ** 단, 조합 주 사업의 원활한 운영 등을 위해 전문성 있는 인력 등을 이사로 둘 필요가 있는 경우 사업구역 내 거소를 둔 자가 아니더라도 임원 가능(전체 임원의 50% 이상은 제5조 사업구역 내 주민으로 구성)
사무국 설치	√ 마을관리협동조합 직원으로 구성된 집행조직인 사무국 설치 ** 마을관리협동조합 정관 제60조(사무국)
갈등관리 위원회	√ 총 7명 이상의 위원, 총 위원의 1/2 이상은 외부위원으로 구성되며, 지자체 담당자 및 도시재생지원기구가 포함된 갈등관리위원회 구성 ** 마을관리협동조합 정관 제45조(갈등관리위원회)
운영지원 전문기관	√ 지역협동조합 금융기관(신협, 새마을금고) 및 도시재생 사업, 협동조합에 대한 이해를 보유한 기관(도시재생지원센터, 유관업종 사회적경제기업 등)이 3년간 운영지원전문기관으로 지정(업무협약서) ** 마을관리협동조합 정관 제61조(운영지원전문기관)

다음으로 마을기업으로서 지정받아 지원받을 수 있습니다. 마을 기업은 지역형 예비마을기업, 행정안전부 마을기업이 있습니다. 행정안전부 마을기업은 최대 3회차(총 최대 1억 원)의 사업비를 지

원받을 수 있습니다. 이는 기반조성 지원을 위한 1회차(최대 5천만 원), 성장지원을 위한 2회차(최대 3천만 원), 고도화 지원을 위한 3회차(최대 2천만 원)로 나누어집니다. 마을조합은 마을기업의 4가지 운영원칙(공동체성·공공성·지역성·기업성)을 기본적으로 보유하고 있기에 마을기업 지원을 통하여 조직운영의 안정화를 꾀할 수 있습니다. 또한 게스트하우스 운영을 할 경우에는 마을기업으로 지정받을 필요가 있습니다. 도시재생지역 빈집 등 유휴시설, 공동이용시설 등을 활용하여 조성된 내·외국인 관광객 대상 도시민박시설(게스트하우스)의 운영은 지정된 마을기업만 운영이 가능하기 때문입니다[관광진흥법 시행령 제2조제1항제3호 바목(외국인관광 도시민박업)].

마을조합은 사회적협동조합으로서 지원을 받을 수 있습니다. 먼저 지정기부금 단체로 신청이 가능합니다. 또한 취약계층 고용비율이 30% 이상인 사회적협동조합에 해당할 경우 수의계약 기준이 기존 2천만 원에서 5천만 원까지 확대됩니다. 또한 공공기관이 사회적협동조합 제품(재화 및 서비스)을 적극적으로 우선구매 할 수 있도록 지원하는 제도가 있습니다. e-store 36,5+ 사회적경제 통합 판로지원 플랫폼을 활용할 수 있습니다. 그 외에 도시재생지원기구(한국사회적기업진흥원)의 기초·전문교육, 창업지원 등을 활용할 수 있습니다.

사실 마을조합 자체는 '황금알을 낳는 거위'라기보다는 '돌멩이 수프'와 같습니다. 갑자기 웬 우화냐고 하실지 모르지만 마을조합에서의 자원 특성을 잘 보여줄 수 있는 이야기이기에 잠깐 해보겠습니다. '황금알을 낳는 거위'는 다 아실 테고, '돌멩이 수프' 우화를 모르는 분들을 위해 줄거리를 설명드리겠습니다. 어느 여행객이 마을에 들러 먹을 것을 구하는데, 인심이 야박해 아무도 먹을 것을 주지 않자 여행객은 자신한테 마법의 돌이 있다고 합니다. 큰 냄비를 빌려주면 마법의 돌을 이용해 맛있는 수프를 만들어 주겠다고 한 것이죠. 그렇게 큰 냄비에 한참 돌만 끓이다가 당근, 양파 등 재료가 더 있으면 더 맛있을 텐데 하고 혼잣말을 합니다. 마을 사람들은 각자 집에 있는 재료를 가져오게 되고 결국 맛있는 수프를 완성합니다. 마을조합을 만들었다고 해서 갑자기 없던 자원이 생겨나지는 않습니다. 마을조합이란 마법의 돌을 이용해 여러 곳에 흩어진 자원들을 모아내기 시작하면 혼자서는 만들 수 없었던 맛있는 수프를 만들어 낼 수 있는 것입니다.

5.

거점시설 운영

1) 거점시설 개념과 종류

거점시설은 '지역사회를 위해 주민이 공동으로 사용하는 공간'이라 할 수 있습니다. 「도시재생 활성화 및 지원에 관한 특별법」에 따르면, 주민이 공동으로 사용하는 시설, 주민의 복지 증진을 위한 시설, 공동체 활성화를 위한 시설을 '도시재생기반시설'과 '공동이용시설'로 정의됩니다. 지역에 따라 거점시설, 공동이용시설, 앵커시설 등 여러 가지 명칭으로 불리고 있습니다.

거점시설은 주민들의 공동체 활동을 위한 장소나 일상생활에 필요한 여러 사회서비스를 제공하는 기반시설로서 기능합니다. 주민, 공동체, 민간주체 등의 수익창출을 위한 기능이 도입된 시설로서 지역경제 활성화에 기여합니다. 도시재생 거점시설은 여러 기능이 복합되는 형태로 조성되는 경우가 대부분입니다.

마을관리 사회적협동조합 따라하기

거점시설은 역할과 주요 이용대상, 서비스 공급범위에 따라 커뮤니티형, 지역자원연계형, 단순지원형으로 구분[1]할 수 있습니다. 커뮤니티형 거점시설은 지역주민, 공동체를 대상으로 공동체 활동을 지원하기 위한 시설로서 근린생활권이 주요 서비스 공급범위에 해당합니다. 지역자원연계형은 지역발전을 위해 여러 서비스를 제공하는 시설로서 지역주민과 공동체를 대상으로 하는 경우에 해당합니다. 단순지원형의 경우 관광객 및 방문객을 대상으로 지역발전을 위한 서비스를 제공하는 경우로 구분됩니다.

표 설명: 거점시설 역할과 이용대상에 따른 구분

주요 이용 대상	주요 역할	거점시설 유형
지역주민, 공동체	공동체 활동 지원	커뮤니티형 (주민공동체 활동지원)
	지역발전 촉진	지역자원 연계형 (공동체활동+커뮤니티 비즈니스)
관광객, 외부방문객		단순 지원형 (문화관광지원)

---

1) 장민영 외, '근린재생활성화를 위한 거점시설 운영방안'(2021), 건축공간연구원

거점시설의 용도[2]는 주민복지, 육아·돌봄, 작업·경제, 문화·관광, 관리·지원으로 구분됩니다.

일반적으로 공동체 활성화와 주민복지증진을 목적으로 하는 거점시설은 공간 이용주체와 활동내용에 따라 '주민복지'와 '육아·돌봄'용도로 구분 가능합니다. 주민복지 시설은 마을 환경개선 및 주민 공동체활동을 지원하는 마을회관, 주민운동시설, 작은 도서관, 공유부엌 등입니다. 육아·돌봄 시설은 어린이, 취약계층, 고령계층 등 지역 내 돌봄 수요에 대응하기 위한 서비스 공급을 목적으로 하는 어린이 놀이방, 공동육아시설, 고령자 건강시설 등입니다.

지역 경제 활성화와 일자리 창출 등 수익창출을 목적으로 하는 거점시설의 용도는 '작업·경제'와 '문화·관광'용도로 구분 가능합니다. 작업·경제 시설은 공동작업장, 마을카페, 마을 펍 등 마을조합이나 주민조직 등 지역주민으로 구성된 주체의 판매, 임대, 영업을 위한 생산 및 판매시설 등입니다. 문화·관광 시설은 지역자원을 활용한 프로그램을 기획·운영하는 전시실, 복합문화시설 등입니다.

그 밖의 용도는 공원, 주차장, 화장실, 외부 관람석 등 거점시설의 주 기능이 활성화될 수 있도록 설치된 '관리·지원'시설 등이 대부분입니다. 이상의 내용을 표로 정리하면 다음과 같습니다.

---

2) 장민영 외, '근린재생활성화를 위한 거점시설 운영방안'(2021), 건축공간연구원

표 설명: 거점시설 용도별 시설 구분

용도	주요 내용	시설 종류
주민복지	지역의 환경개선과 주민 공동체 활동을 위한 복리시설	마을회관, 주민운동시설, 작은도서관, 공유부엌, 공동텃밭 등
육아·돌봄	어린이, 취약계층, 고령계층의 돌봄수요를 충족시키기 위한 서비스 공급시설	어린이 놀이방, 공동육아시설, 건강치료시설 등
작업·경제	지역 활성화를 위한 판매, 임대, 영업 등의 생산시설	공동작업장, 마을카페, 마을펍 등
문화·관광	지역자원을 활용·연계한 집객시설	전시실, 복합문화시설 등
관리·지원	거점시설의 주 기능 활성화를 위해 설치된 시설	마을 관리사무소, 공동 택배함, 경비실, 주차장, 화장실 등

2) 거점시설 위탁

거점시설의 위탁방식은 무상사용, 사무위탁, 관리위탁, 사용수익허가 등으로 구분됩니다. 먼저 무상사용은 사용료가 없는 것으로 수익사업이 가능하나 전대가 불가능합니다. 사무위탁과 관리위탁은 민간위탁의 방식입니다. 사무위탁은 위탁사업비가 있으나 수익사업, 전대가 불가능 합니다. 반대로 관리위탁은 위탁사업비는 없으나 수익사업, 전대가 가능합니다. 마지막으로 사용수익허가는 수익사업전용 방식으로 최고가입찰로 이뤄집니다. 민간위탁 시 사용수익허가 받은 것으로 간주되며 전대가 불가능합니다.

위탁 방식에 따라 운영·관리주체의 역할이 달라지기 때문에 위탁방식에 대해서도 사전 협의가 필요합니다. 또한 다음 표와 같이 장점과 단점이 다르기에 세심한 논의가 필요합니다.

표 설명: 위탁방식에 따른 차이점 및 장단점

방식		차이점	장점	단점
무상사용		사용료 없음 수익사업 가능 전대 불가	사용료 부담이 없고, 수익사업이 가능하기 때문에 지역주체의 초기역량 강화에 도움	주체 역량에 따라 사업의 성장과 확장에 편차가 발생할 수 있음
민간 위탁	사무 위탁	위탁사업비 有 수익사업 불가 전대 불가	위탁사업비를 활용한 사업 추진으로 안정성이 높음	다양한 역량을 가진 주체들과 협업 불가능 사업 확장 및 다양한 실험 등이 불가능, 보수적 운영
	관리 위탁	위탁사업비 無 수익사업 가능 전대 가능	전대가 가능함에 따라 역량 있는 외부주체들과의 협업이 용이 (저렴한 임대료 인센티브)	사업 역량에 따른 편차 발생 가능성 높음. 제도적 인센티브로 인해 갈등 발생 요인 상존. 도덕적 해이 발생 가능
사용수익 허가		수익사업전용 최고가입찰방식 민간위탁 시 사용수익허가 받은 것으로 간주 전대 불가능	자유로운 수익활동 가능	최고가 입찰방식으로는 마을조합 사업 수주 불가능, 과도한 임대료로 다양한 협력 가능성 저해

위탁 공고사항의 주요 내용을 충분히 확인하고, 공고사항에 맞춰 마을조합의 상황과 역량, 지역의 비전 등을 정리하여 제안서를 작성 제출해야 합니다. 위탁 준비과정은 전체 조합원 또는 이사진의 역할 분장을 통해 전체 과정을 충분히 인지할 수 있도록 진행해야 합니다. 위탁 준비과정이 마을조합의 자발적 활동으로 진행될 수 있도록 시스템 구축 과정이 필요합니다. 지역 내 중간지원기관, 사회적경제조직 등 유관기관과 협력 과정을 통해 제안 내용을 충분히 검토한 뒤, 실행 가능한 수준에서 제안서를 작성해 나가기 바랍니다. 다만 향후 행정 주도의 위계적 관리시스템 대신 주민 주도의 협력체계가 운영될 수 있도록 명확한 합의 과정이 진행되어야 합니다.

운영위탁을 위한 내부 역량 점검을 마친 뒤 위탁준비를 위하여 현장을 꼼꼼하게 재점검하고 세부적으로 구체화할 수 있는 항목을 함께 준비해야 합니다. 협력할 수 있는 지역 자원이 많을수록 공간 운영에 도움이 되기 때문에, '전문가 협력 네트워크 형성'이 필요합니다. 지역 내 공간기획 및 운영 노하우를 가진 전문가 또는 사회적경제조직 등을 찾아서 자문을 구하고, 자문단으로 구성하거나 협력을 위한 양해각서(MOU)를 체결해 가기 바랍니다.

3) 거점시설 사업 기획을 위한 상권분석

　상권이란 '특정 판매점의 제품과 서비스를 구매할 의향이 있는 고객들이 생활하는 지리적 범위'입니다. 상권분석은 해당 상권의 고객들이 원하는 것이 무엇인지 정확한 정보를 통해 확인하는 과정입니다. 상권분석은 창업단계의 입지선정 과정에서 진행하는 것이 일반적이지만, 이미 확정된 입지에서 고객을 확보하기 위해서도 필요한 과정입니다. 도시재생사업에서 거점시설 입지 선정은 다양한 요소들을 고려하여 결정되기 때문에, 사업 아이템만으로 입지를 선정하는 데는 한계가 있습니다. 따라서, 거점공간의 위치를 확정한 뒤, 추가 분석을 통해 명확한 고객 분포 및 사업계획 수립 과정이 필요합니다.

　먼저 고객 분석이 되어야 합니다. 상권 분석에서 가장 중요한 요소는 고객이기 때문에, 항상 고객의 관점에서 분석하려는 자세가 필요합니다. 상권 분석을 위해서는 원하는 고객이 거점공간을 방문할 것인지 가능성을 살피는 것이 중요합니다. 지역조사자료를 바탕으로 지역의 인구 및 주거현황 등을 확인한 뒤, 직장인 → 주거민 → 유동객 순으로 목표고객의 확보 가능성을 판단해야 합니다. 가능한 범위에서 고객 유입요인이 발견되지 않을 경우, 사업구상 과정에서 고객을 재설정하는 것도 필요합니다. 도시재생지역은 쇠퇴지역으로 상권이 침체하였거나 유동인구가 적은 경우가 많기 때문에, 가급적 고객범위를 넓게 설정하여 고객 유인 방안 고민이 필요합니다.

다음으로 경쟁분석이 되어야 합니다. 상권 분석에서 두 번째로 중요한 요소는 경쟁입니다. 거점공간의 기능과 유사한 기능을 제공하거나 유사한 아이템을 판매하는 경쟁매장을 분류한 뒤, 인기 품목과 품질 등에 대해 상세히 점검해야 합니다.

표 설명: 경쟁매장 분석 체크리스트

구분	주요 내용
개요	· 경쟁매장의 상호와 주소 · 영업시간: 주중/주말 영업요일과 시간(주당 영업시간) · 서비스에 대한 분석 · 매장의 매력과 강점, 약점 등
내부평가	· 가게 내부 부착물과 시설의 적절한 배치 여부 · 영업 면적(추정)과 기타 면적(추정) · 제품·서비스의 주요 인기품목과 비인기 품목
외부평가	· 물리적 건축물의 형태(쇼핑몰/단독/거리상가 등) · 외부 디자인, 주차 배치, 간판 등에 대한 인상 · 매장 외형 중 매력 요소와 비호감 요소
기타	· 가격정책(시장가격 대비 수준) · 판매와 상품 및 서비스의 독창성 등

이를 위해 소상공인 상권분석시스템(https://sg.sbiz.or.kr/)을 활용해 볼 수 있습니다. 소상공인 상권분석 시스템을 통해 설정한 범위 내, 거주인구 및 유동인구, 직장인구 등의 기초 현황 확인이 가능합니다. 유사 업종의 경쟁현황 및 매출 현황자료도 확인할 수 있습니다.

4) 거점시설 브랜딩

    브랜드는 가치 제안과 서비스의 속성을 하나로 구현한 상징이며 고객과의 소통 수단입니다. 고객과의 관계를 형성하는 브랜딩 과정을 통해, 지역사회에서 공유된 가치를 경험하는 고객이 확산 가능합니다. 거점시설을 기반으로 한 사업의 경우, 공간을 활성화시키는 것도 주요 사업 목표 중 하나이기 때문에, 공간만을 별도로 브랜딩하는 것이 필요합니다. 과거와 같이 공간은 판매를 위한 도구가 아니라, 공간 자체가 지닌 감성과 문화, 스토리로서 충분한 유입 효과 달성이 가능합니다. 따라서 공간은 고객에게 새로운 경험을 제공할 수 있는 곳이자, 제품 및 서비스를 체험하는 곳, 브랜드와 고객이 관계를 형성하는 곳으로 인식할 필요가 있습니다.

    브랜드는 공간·제품·서비스에 대한 고객의 첫인상으로, 비전,

핵심가치, 가치제안 등이 잘 부각될 수 있으며 고객군의 특성이 잘 반영되는 것이 중요합니다. 브랜드 정체성과 콘셉트를 설정하는 과정에서 다양한 이해관계자와의 소통을 통해, 외부인의 입장에서 공간을 어떻게 인식하는지 확인이 가능합니다.

특히, 인지도 조사과정에서 확인한 해당 지역의 일반적 인식을 먼저 검토하고, 이와 연계될 수 있는 브랜드 정체성과 콘셉트를 설정하려는 노력이 필요합니다. 완전히 새로운 것을 알리기보다, 기존에 익숙한 것과 연관 지어 홍보하는 것이 고객의 인식 확산에 도움 되기 때문입니다.

마을조합은 아직 브랜드가 없거나, 있더라도 인지도 조사의 단계는 아니기 때문에, 연관어를 통해 인지도 추정하는 과정이 필요합니다. 마을조합은 지역을 기반으로 지역의 주요 자원을 활용한 사업을 추진하는 특징이 있기 때문에, 지역의 인지도 및 인지도 특성 분석을 통해 홍보전략 수립이 가능합니다. 일반적인 인지도 검색은 온라인상의 다양한 키워드 분석 도구를 활용하여 검색이 가능합니다. 또한, 주요 포털사이트 검색 및 SNS 언급 특성을 분석하는 과정을 통해 지역 인지도의 현황 및 유사검색어 등을 확인할 수 있습니다. 온라인 검색도구 외, 지역의 온라인 커뮤니티 및 주민 모임 등을 대상으로 설문조사 등을 진행하여, 지역에 대한 기존 이미지 확인이 필요합니다. 관광객을 대상으로 사업을 영위하는 경우,

방문자 통계 분석을 통해 주요 유입특성, 방문자 통계 등을 활용할 수 있습니다.

예를 들어 ○○마을관리 사회적협동조합은 지역특산물을 활용한 떡을 생산하여 판매하는 것을 주요 사업으로 설정했습니다. 타깃 고객인 50대 전후의 지역 관광객을 대상으로 홍보방안을 고민하다, 한국관광데이터랩 통계자료를 활용하여 방문자 현황 분석을 진행했습니다. 지역주민들의 인식과 다르게, 네비게이션 검색 순위의 상위에 노출된 관광지가 주로 골프장으로 나타났고, 이에 골프장 및 이용고객을 대상으로 홍보계획을 수립하기로 결정했습니다.

브랜드를 개발하고 브랜드와 고객의 상호작용이 강화되면 확보된 고객과의 관계를 형성해야 합니다. 고객 관계구축은 고객 유지 방안으로, 일반적으로 신규 고객 확보 비용보다 유지 비용이 낮기 때문에, 공간에 방문한 고객의 충성도를 높여 지속적 이용률 제고가 가능합니다. 거점시설 운영 초기 단계에서는 공간 및 브랜드의 인지도를 높이고, 다양한 프로모션 등을 활용하여 고객의 호감을 확보하는 것이 중요합니다. 어느 정도 운영이 안정되고 나면, 고객과 관계를 구축하여 지속적 교감이 가능합니다.

5) 거점시설 활성화 위한 프로모션

프로모션은 마케팅 활동의 일부분으로, 소비자로 하여금 생각이나 물건들을 수용하도록 설득하는 활동입니다. 프로모션은 판매를 촉진하는 판매중심적인 목표와 고객과의 소통을 강화하는 커뮤니케이션 목표로 구분할 수 있습니다.

프로모션은 광고, PR(홍보), 판매 촉진 등의 구체적인 활동으로 구분됩니다. 광고는 가장 많은 비중을 차지하는 프로모션으로, TV 등 대중매체, 전화, 온라인 등 다양하게 활용할 수 있습니다. 지역에서 가장 쉽게 활용할 수 있는 방식은 포털사이트를 활용한 광고 또는 대중교통(버스정류장, 지하철 등) 광고, 택시광고 등입니다. 그 외, 현수막, 전단지 등을 통해 마을조합의 주요 사업 등을 광고할 수 있으나, 고객의 특성에 따라 광고효과가 떨어질 수 있는 것에

주의해야 합니다. 최근에는 O2O(Online to Offline) 사업이 성장하면서, 플랫폼을 기반으로 지역에서 다양한 서비스가 시행 중입니다. 과거 40대 미만에서 주로 활용되던 스마트폰 애플리케이션이 전 연령층으로 고르게 확대되면서, 온라인 플랫폼을 활용한 광고는 선택이 아닌 필수입니다. 포털사이트 플레이스 등록, 중고거래 플랫폼의 지역광고, SNS의 로컬광고 등 다양한 방식을 검토하여 주기적인 광고를 진행할 수 있습니다. 특정 지역만을 타깃으로 다양한 광고를 연동할 수 있는 서비스를 활용하는 것도 가능합니다.

PR(홍보)은 공간 및 마을조합의 주요 사업을 알리는 활동으로, 거점시설의 잠재적 이용고객을 대상으로 설정합니다. PR은 지역 언론사 및 행정의 소식지 등을 활용할 수 있으며, 포털사이트의 지도를 등록하여 공간의 인지도를 높이는 활동이 가능합니다. 점공간 개설 전 단계에서부터 지역사회 다양한 이해관계자가 공간의 개설과 상품·서비스를 인지하고, 지역사회 내에서 필요성을 인식할 수 있는 홍보과정이 필요합니다. 마을조합은 거점시설의 운영, 지역 비즈니스 실행 외에도 지역 공동체 구축의 역할을 하는 지역의 대표법인으로서 공론장 개설, 토론회 개설 등의 PR활동도 가능합니다. 홍보는 지역 사회 주요 행사, 지역단체 활동 등의 일정을 반영하여 최소 1년 이상의 홍보계획을 수립하고 지속적으로 각인될 수 있도록 계획하는 것이 중요합니다.

일반적인 비즈니스에서 가장 많이 활용하는 프로모션은 판매촉진입니다. 판매촉진은 비가격 판매촉진과 가격 판매촉진으로 다시 구분됩니다. 가격 판매촉진은 가격할인, 쿠폰, 캐시백 등 실질적인 할인이 동반되는 형태의 판매촉진 방식입니다. 비가격 판매촉진의 방식으로는 경품제공과 견본제공, 콘테스트와 추첨 등이 있습니다. 최근 다양한 판매촉진전략이 개발되면서 판매촉진이 세분화되어 시간대별, 고객특성별 등 효과를 높일 수 있는 방향으로 진화하고 있습니다. 판매촉진을 하기 위해서는 명확한 목표를 설정하고, 목표에 맞는 판매촉진 방법이 설정되어야 합니다. 활용 가능한 판매촉진 방식은 다음 표와 같습니다.

표 설명: 활용 가능한 판매촉진 방식

분류	구분	주요 내용
경품	패키지형 프리미엄	·상품 구매 시 프리미엄 제품을 증정(1+1)
	연속형 프리미엄	·몇 개의 본 제품을 구매해야 완전한 프리미엄 제품 확보 가능(스티커)
	소개식 프리미엄	·잠재 소비자 소개 시 프리미엄 제공 (친구 추천 시 할인 또는 추가상품 제공)
	보너스 팩	·가격은 유지하되, 일시적으로 제품의 용량 또는 수량을 늘려 판매
샘플 (견본)	호별 방문	·개별 가구 방문으로 샘플 증정
	DM 샘플링	·견본의 우편발송 및 무작위 배송 ·배송 후 공간 방문 유도 가능
	무료 샘플	·공간 내 활용 가능한 무료 샘플을 구비
	패키지 무료	·타 상품 구매 시 소량으로 샘플 제공(맛보기)
	쿠폰	·온라인 또는 오프라인에서 무료 쿠폰을 배포
콘테스트	시연회	·고객 앞에서 상품시연 및 활용 경험
	충성도 제고	·자주 구매 시 가격 할인(스탬프) ·특별 이벤트 할인(생일 쿠폰 등)

마을관리 사회적협동조합 따라하기

6) 거점시설 운영 거버넌스 구축

거점시설의 운영관리 초반에는 다양한 변수가 발생하므로 다양한 이해관계자로 구성한 거버넌스(협의체) 운영을 통해 수시 소통과 토의하는 과정이 이뤄져야 합니다. 거버넌스는 단순하게 회의나 토의만 하는 것이 아닌 지역사회에 맞는 주제를 정해서 이해관계자 간에 합의와 실행을 하는 것입니다. 마을조합은 지역사회의 대표법인을 지향하는 주민조직이기 때문에, 거점시설의 유형과 무관하게 이해관계자 합의를 통해 수립한 공동 목표와 비전을 계속 상기하며 각 주체의 욕구 충돌과 갈등을 조정·조율하는 과정이 필요합니다.

이 과정을 통해 원칙과 방향이 설정되고 경험과 사례가 쌓이면서 매뉴얼로 만들어진 방법이 구축되고 지속 가능한 운영·관리 시스템으로 진화가 가능합니다. 거점시설 설계 단계에서 성별, 나이,

장애, 국적·언어 등 때문에 이용에 제약받지 않는 디자인 도입이 필요합니다. 운영단계에서도 이를 지속하여 도구, 시설, 설비에서 차별 요소를 없앨 수 있도록 주의해야 합니다.

운영관리 방안은 갑자기 발생할 수 있는 변수에 대응하고 지역사회 의제를 발굴하여 사업계획을 지역사회의 변화에 맞게 조정하는 과정임을 인식해야 합니다. 운영관리 프로세스는 거버넌스 참여자들이 합의한 운영규칙에 따라 공간을 운영관리하고 그 과정에서 도출된 이슈를 정리하고 매뉴얼화하는 전 과정입니다.

거버넌스를 위해서 주민운영위원회(이하 운영위)를 구성하는 것을 권합니다. 운영위는 거점시설 운영 전반을 책임지고 관리하며 프로그램을 심의·운영하는 주민 모임입니다. 운영위의 인원수는 정기회의와 결정(과반 이상)에 문제가 없을 수준에서 결정합니다. 운영위는 회의체가 아닌 운영관리를 담당하는 주민조직으로서 거점시설 운영관리 및 참여를 담당하는 한편, 지역공동체 형성과 주민 자치 활성화에도 기여합니다. 지역주민 간 다양한 이해관계 및 관계 특이성이 존재한다는 사실을 인지하여 공정과 형평을 해치지 않으려는 노력이 필요합니다. 운영위는 거점시설 운영에 관한 사항을 심의·결정하고 집행하되, 사안에 따라 마을조합과 상시 소통·협의하고 주민과 행정이 소통하고 협력할 수 있도록 민관 협치 체계 마련도 가능합니다.

7) 거점시설 용도별 운영방안 마련

거점시설의 기능별 특성에 따라 각각의 운영방안을 마련하여 조성 목적에 맞게 운영될 수 있도록 해야 합니다. 여기서는 주민공동이용시설(공동체공간), 마을카페(판매공간), 복합문화공간(전시·문화 공간) 등으로 예시를 들어보겠습니다.

첫째, 주민공동이용시설(공동체공간)은 지역주민 중심으로 지역 내외 이용자들이 지역 활성화를 목표로 다양한 활동을 벌이는 공유 공간으로 기존 주민 자치 시설, 문화센터 등과 다른 목적성을 갖는 시설입니다. 따라서 설계부터 인테리어 등 이용 주민들의 필요가 적극 반영되어야 합니다. 누구나 이용할 수 있는 공간이므로 보편적인 운영 방안 마련(예. 시설 내 음주와 흡연 금지, 성 중립 화장실 확보 등)되어야 합니다. 아이, 청소년, 노인 등 자칫 소홀해지기 쉬운 주민의 이해를 적극적으로 반영할 수 있도록 운영위 참여가 독려되어야 합니다. 주민 대상 홍보 등을 통하여 관심 증대 및 장소성(시설에 대한 스토리텔링 등) 발굴 및 확보되어야 합니다. 특정 이해관계자의 필요나 요구가 공동이용을 방해하지 않도록 주의해야 합니다.

둘째, 마을카페(판매공간)은 지역 일자리·일거리 창출, 지역공동체 활성화, 지역 명소 조성을 통한 지역 활성화 등 복합 목적을 가진 곳입니다. 마을카페의 가장 바람직한 모델은 '지역공동체가 단골이 되는 카페'입니다. 만약 마을카페가 어려워지면 이를 살리고자 지역공동체가 함께 노력하고 동참하도록 지역주민과 끊임없이 접촉하면서 지역사회 이슈에 촉각을 세우고 참여하는 노력이 필요합니다. 해당 지역 시장환경과 고객 설정에 따라 목적 달성 방안과 운영 전략은 각기 다를 수 있습니다. 카페는 어디든 관할 시·군·구청에 영업 신고가 필요하며 신고 전, 건강진단서와 위생교육필증 발급이 필요합니다. 영업 신고 전 위생교육필증 발급을 위해 휴게음식점과 일반음식점 가운데 하나를 결정해야 합니다. 휴게음식점은 주류 판매 불가능하나 일반음식점은 주류 판매가 가능합니다.

마을카페는 일하는 주민 각자의 역량과 상황에 맞춘 근무 체계가 확립되어야 하며 업무/역할에 대한 명확한 인지와 훈련이 요구

됩니다. 운영관리 책임자를 임명하고 잘 훈련해야 합니다. 회계 및 예산 활용에 대한 전문가가 내부적으로 육성되어야 합니다. 마을 카페 초기에는 마을조합 사무국이 '총괄경영'(회계, 세무, 노무 등), 주민 바리스타들이 '현장 운영'(영업, 매장관리, 재고관리·구매, 메뉴 개발 등) 하면서 책임과 권한을 명확하게 하는 방식이 초기 재정과 갈등을 관리하면서 초기 실적 관리 및 효율화에 적합합니다. 초기부터 주민들 운영만으로 전담할 경우, 갈등이 발생하면 운영에 직접적인 영향을 주기 때문에, 공고한 팀워크와 시스템을 갖추기 전까지 사무국과 주민 바리스타의 파트너십으로 운영하는 것이 효과적입니다. 지역 기반 중장기 자립 모델을 만들기 위한 전략을 수립하고, 주민 바리스타들을 꾸준하게 트레이닝하고 현장 노하우를 쌓으면서 중장기적으로 운영을 넘어 총괄경영을 책임지는 역량과 마인드를 갖추도록 유도해야 합니다.

마을카페가 지역사회 다른 판매 공간 등과 지나친 경쟁이 되지 않도록 지역사회 내 협력 네트워크 등이 형성되어야 합니다. 초기 인건비 및 운영비에 대한 대책도 마련되어야 합니다. 시즌 메뉴 등 판매 개발 인력 양성 및 연간 운영계획이 마련되어야 합니다. 마을카페는 가능하면 봄에 열어 가장 성수기인 여름을 거칠 수 있도록 추진하는 것이 좋습니다.

마지막으로 복합문화공간(전시·문화 공간)은 다른 공간과 '차별화 가능한 특색'이 주요 요소로서 건축설계 단계부터 인테리어, 공간 환경, 소품 배치 등에 특색을 살릴 수 있는 방향으로 설정해야 합니다. 전문가 손길이 가장 필요한 공간이므로 지역 내 전문가를 발굴하고 운영에 참여할 수 있도록 유도해야 합니다. 가능하다면 전문가 그룹과 지속 가능한 파트너십이 구축되어야 합니다. 복합 문화공간은 용도와 지역적 상황, 콘셉트 등을 고려하면서 지역주민에게 거점시설에서 무언가 해보고 싶은 욕구를 불러일으키는 공간으로 조성해야 합니다. 또한 공간에 여백이 있어야 공간 활용을 위한 다양한 시도와 도전이 가능하므로 **빡빡하게** 공간을 채우는 것은 지양해야 합니다. 장기적으로는 자체 공간기획 및 구성을 위한 역량 강화 훈련이 필요합니다. 문화예술에 대한 안목을 가진 지역 안팎 작가, 크리에이터, 기획자 등을 통하여 조합원들을 교육훈련하고 인식을 확장해 갈 수 있도록 노력해야 합니다. 주민들이 마을 작가/예술가 등으로 활동할 수 있도록 교육 및 행사 등을 기획하여 공간과 친해질 수 있도록 유도하는 것이 좋습니다. 공간이 지닌 스토리텔링 등 임팩트를 줄 수 있는 특성이 있을 때 최상의 콘텐츠를 구상하고 필요한 콘텐츠를 구성할 주체의 참여 촉진이 가능합니다.